Gerson Wolf

Aus der Revolutionszeit in Österreich-Ungarn, 1848-49

Gerson Wolf

Aus der Revolutionszeit in Österreich-Ungarn, 1848-49

ISBN/EAN: 9783743329065

Hergestellt in Europa, USA, Kanada, Australien, Japan

Cover: Foto ©ninafisch / pixelio.de

Manufactured and distributed by brebook publishing software (www.brebook.com)

Gerson Wolf

Aus der Revolutionszeit in Österreich-Ungarn, 1848-49

AUS DER REVOLUTIONSZEIT

IN

ÖSTERREICH-UNGARN

(1848–49).

Von

G. WOLF.

WIEN 1885.
ALFRED HÖLDER,
K. K. HOF- UND UNIVERSITÄTS-BUCHHÄNDLER.
ROTHENTHURMSTRASSE 15.

VORWORT.

Es ist bereits Vieles über die Revolutionszeit in Oesterreich in den Jahren 1848/49 und über die Reaction, die derselben folgte, geschrieben worden. Selbstverständlich jedoch ist noch Vieles, das auf jene Zeit und die Personen, die damals eine Rolle spielten, Bezug hat; zum Theil in öffentlichen und zum Theil in Privatarchiven hinter Schloss und Riegel aufbewahrt.

Unter diesen Verhältnissen dürfte es nicht überflüssig sein, wenn wir einige Beiträge, geschöpft aus Briefen, Berichten etc. betheiligter Personen, hiermit veröffentlichen. Wir glauben damit nicht sozusagen neue Lichter aufzustecken, wohl aber manches in das richtige Licht zu stellen.

Mögen daher diese Blätter dem Wohlwollen der Leser empfohlen sein.

Wien, 1. Februar 1885.

INHALT.

		Seite
1.	Die Märztage	1
2.	Pfingsten 1848 in Prag	8
3.	Italicae res	14
4.	Ein Blick auf Ungarn	26
5.	Die italienische Frage	36
—	Die Niederlage Piemonts	45
6.	Der Belagerungszustand in Wien	67
	Selbsterlebtes	108

1. Die Märztage.

In den jüngst veröffentlichten Metternich'schen Memoiren erzählt die Fürstin Melanie, was auch anderweitig wiederholt berichtet wurde, dass der Chef der obersten Polizei- und Censurbehörde in Wien, Graf Sedlnitzky, keine Ahnung von dem hatte, was sich für den 13. März 1848 vorbereitete. Er soll die Stimmungsberichte, die an ihn gelangt waren, uneröffnet liegen gelassen haben, so dass die österreichische Regierung von den Ereignissen ganz überrascht wurde. Das war jedoch keineswegs der Fall. Zu schweigen von Ungarn, wo die Gährung, wie bekannt, schon längere Zeit zuvor hoch ging, so zeigten sich auch anderweitig Symptome, die nicht übersehen wurden, wenn man sie auch nicht ihrer vollen Bedeutung nach würdigte.

So verlangte Radetzky im Jahre 1847 wiederholt eine Verstärkung der Truppen, doch wurden diese Begehren abgewiesen. Voll Unmuth schrieb er, nachdem die Katastrophe in Mailand ausgebrochen war, am 30. März 1848, an den Präsidenten des Hof-Kriegsrathes, Grafen Ficquelmont: „Die Zeit der Täuschungen ist vorüber! Steht der Thron Sr. Majestät noch in diesem Augenblick: ist die schöne österreichische Monarchie noch nicht zerfallen, so kann nur die Sprache der Wahrheit und die höchste Energie und Aufopferung sie retten." Er fährt dann fort: „Es bedurfte des Verlustes eines schönen Königreiches, um meine seit Jahren geführte Sprache und Warnungen wahr zu machen. Wird nun die Partei, die uns in dieses unübersehbare Unglück gestürzt, begreifen, dass ich nicht manövriren wollte, wie man zu sagen pflegte, wenn ich Truppen und Magazine verlangte? Ich forderte Truppen, und man handelte um Bataillone mit mir: ich forderte Verpflegung, man sendete mir Rescripte, die nur ein Alterthumsforscher zu entziffern vermag. Entschuldigen Euer Excellenz die Kühnheit meiner Sprache, aber ich stehe vor dem Weltgericht, und der Augenblick ist zu ernst, um ihn durch eine unwürdige Sprache zu verletzen. Noch aber ist nichts verloren, wenn in Wien nicht alle Energie verschwunden, wenn die Regierung Sr. Majestät noch einige Kraft erhalten hat."

Wie hinzugefügt werden mag, hatte sich Radetzky wiederholt im Jahre 1847 gegen das Princip der Milde, welches man gegen die Lombardo-Venetianer walten liess, ausgesprochen, und war überhaupt nicht damit einverstanden, dass der Vice-König, Erzherzog Rainer, den Leuten daselbst sozusagen um den Bart ging und von den „geliebten Mailändern" sprach. In gleicher Weise wie Radetzky klagte auch der damalige Commandirende in Tirol, der nachmalige Civil- und Militär-Gouverneur von Wien, Freiherr v. Welden. Auch dieser hatte wiederholt, bevor der Sturm ausbrach, auf die Wichtigkeit Tirols aufmerksam gemacht; doch Alles vergebens. Man hat die Natur dieses Landes, wie seine Stimmung und die Art der Benützung seines Werthes nicht berücksichtigen wollen. Dreiunddreissig Jahre waren seit dem letzten Kriege vergangen und keine einzige militärische Organisation für das Land trat ins Leben. Als dann die Erhebung in Italien erfolgte, war Tirol ohne militärische Ressourcen und überdies verarmt.

In Wien selbst erkannte man wohl nicht die Verhältnisse, aber man war beunruhigt. Es mag hervorgehoben werden, dass die Besatzung des Zeughauses in Wien am 14. Februar 1848 an das General-Commando die Anzeige erstattete, Arbeiter des Armatur-Zeughauses hätten die Nachricht gebracht, der Pöbel der Vorstädte beabsichtige Nachmittags (der 14. Februar fiel auf einen Sonntag) beide Eisenbahnen (die Nord- und Südbahn), welche in Wien mündeten, zu zerstören. Das Gerücht war allerdings unwahr, aber es kennzeichnet die Lage und bedeutete zu jener Zeit ein derartiges Vorhaben, da man das „Gruseln" damals noch nicht gelernt hatte, etwas Anderes als heute.

Nachdem dann in Folge der französischen Revolution Tumulte und Excesse in Baiern stattgefunden hatten, wurden die Garnisonen zu Linz und Salzburg in Folge Befehls des Hof-Kriegspräsidenten Grafen Hardegg vom 10. März 1848 verstärkt, da man voraussetzte, dass die Tumulte nicht ohne Rückwirkung auf die Stimmung der Bewohner der genannten österreichischen Kronländer geblieben seien, welche früher unter baierischer Oberhoheit standen und wo sich noch bis dahin zahlreiche Erinnerungen an jene Zeit erhalten hatten.

Im vollen Sinne des Wortes ging man in Wien dem Tage der Eröffnung der niederösterreichischen Landstände, dem 13. März, gerüstet entgegen. Am 12. März ertheilte nämlich der Hof-Kriegsrath den Auftrag, die Truppen ohne Aufsehen am 13. März in den Kasernen zu beschäftigen, d. h. zu consigniren, ohne dass man es merke; die im Arsenal bequartierte Compagnie sollte daselbst den ganzen Tag am 13. verbleiben und sich dergestalt in Bereitschaft finden, dass sie, sobald der Befehl erfolgte, ihre Gewehre jeden Augenblick zur Vertheidigung und zum Schutze des Zeughauses verwenden könnte.

Der 13. März kam also nicht unvorbereitet, aber die getroffenen Massnahmen bewährten sich nicht, denn man kann wohl einen Bach von seinem Bette ableiten, aber es gibt kein Mittel, die sturmbewegten Wogen des Meeres zu bändigen und zu züchtigen. Es ist nicht unsere Aufgabe, den Verlauf des 13. März zu schildern, aber gedenken wollen wir der Kundmachung des Präsidenten der niederösterreichischen Regierung (des Statthalters) Freih. v. Talatzko vom 14. März, in welcher es heisst: „Fest entschlossen, die Würde Ihres Thrones nicht zu gefährden, haben Se. Majestät die Wiederherstellung und Erhaltung der Ruhe und Ordnung Sr. Durchlaucht dem Feldmarschall-Lieutenant Alfred Fürst zu Windischgrätz zu übertragen und demselben alle Civil- und Militärbehörden unterzuordnen geruht, mit gleichzeitiger Uebertragung aller zu diesem Zweck nothwendigen Vollmachten."

Diese Kundmachung der kaiserlichen Entschliessung wurde gedruckt und sollte affichirt werden; die Ereignisse waren jedoch seit dem Momente, als diese Resolution gefasst wurde, weit vorgeschritten und die Situation wurde eine andere. Nur da und dort fand man die Kundmachung affichirt, und wo man sie fand, wurde sie vom Volke sofort herabgerissen. Dasselbe Geschick erfuhr die Proclamation des neuernannten Civil- und Militär-Gouverneurs, des Fürsten Windischgrätz, in welcher er Wien und das ganze Viertel unter dem Wienerwald in Belagerungszustand erklärte.

1*

Wenn aber auch das Volk sich wenig um den Militär- und Civil-Gouverneur und um den Belagerungszustand kümmerte, Fürst Windischgrätz war sich seiner neuen Würde bewusst. „Kraft der ihm von Sr. Majestät übertragenen unbeschränkten Vollmacht" ersuchte er am 15. März das Appellationsgericht (jetzt Oberlandesgericht genannt), dem Criminalgerichte in Wien den Auftrag zu geben, alle von Seiten der Polizei überantworteten Individuen ohne Anstand in seine Gefängnisse aufzunehmen. Selbstverständlich wurde der Fürst von Seiten der Behörden als Civil- und Militär-Gouverneur anerkannt. Als Pöbelhaufen Angriffe auf Fabriken machten und die Maschinen daselbst zerstörten, liess der Regierungs-Präsident mit Zustimmung des Fürsten streifende Colonnen herumziehen und wurde das Standrecht verkündet. An den Fürsten wendete sich am 15. März der Curator des Theresianums, Graf Taaffe, Vater des jetzigen Minister-Präsidenten, mit der Bitte. die genannte Anstalt zu schützen, da das Gerücht verbreitet war. der Pöbel wolle dieselbe stürmen und die adelige Jugend und die Geistlichen aus derselben vertreiben.

Am 15. März wurde das erste constitutionelle Ministerium Pillerstorff gebildet, aber noch am 16. erklärte der oberste Hofkanzler Graf Inzaghi, der gar nicht mehr zu Recht fungirte, dem Fürsten Windischgrätz, dass er die von Letzterem getroffenen Verfügungen, „so viel an mir gelegen ist", unterstützen wolle.

Windischgrätz jedoch übersiedelte, nachdem das Ministerium Pillerstorff ernannt war, am 16. nach Laxenburg und hob am 22. März den Belagerungszustand, der eigentlich blos auf dem Papier stand. auf. Die betreffende Kundmachung lautete: „Die Aufgeregtheit im öffentlichen Leben und Treiben hat sich bei uns gelegt (!) und somit haben auch die ausserordentlichen militärischen Massregeln ihr Ende gefunden, zu deren Ergreifung mich unser angebeteter Kaiser inmitten erschütternder Ereignisse bevollmächtigte. Bei der so schweren Stellung, welche mir das Vertrauen des Monarchen in diesem weltgeschichtlichem Momente an den Stufen des Thrones anzuweisen geruhte, fühle ich mich dankbar gedrungen. der achtbaren Bürgerwehr*) aller Classen der Resi-

---

*) Diese Bürgerwehr war die Nationalgarde, die, wie es scheint, der Fürst nicht beim rechten Namen nennen wollte. Die Nationalgarde (dieselbe bestand aus 26.000 Mann. von welchen jedoch blos 18.000 bewaffnet waren; es

denz aufrichtige Anerkennung dafür auszusprechen, dass deren Besonnenheit mir meine schwere Pflichterfüllung erleichterte. Abermals muss Europa erkennen, dass Festigkeit gepaart mit väterlicher Milde die Grundmaxime österreichischer Regierungsweise ist, und in diesem heilbringenden Geiste wird auch fernerhin die kräftige Leitung der vaterländischen Angelegenheiten auf der Bahn des Fortschrittes stattfinden."

Wir wollen keine Kritik an dieser Kundmachung üben, aber es dauerte nicht lange und der Fürst änderte seine Ansichten über die März-Ereignisse und vom Fortschritte wollte er gar nichts wissen. Am 10. April wurde er officiell von seiner Stellung als Militär- und Civil-Gouverneur enthoben.

Dass sich übrigens „die Aufgeregtheit", wie Fürst Windischgrätz glaubte, nicht gelegt hatte, brauchen wir nicht zu sagen. Jean Paul sagte: „Einem kranken Herzen thut auch der leiseste Zephyr wehe", und der österreichische Staat war durch und durch krank und der unterwühlte Boden krachte bei jeder Bewegung.

Zu den ersten Errungenschaften gehörte die Pressfreiheit. Diese wurde dann durch ein Pressgesetz nach dem Muster des badischen, welches als sehr liberal galt, am 1. April geregelt. Der damalige Professor des Strafrechtes, der sich an der Bewegung betheiligte, Hye, hielt noch an diesem Tage eine Discussion über dasselbe in der Aula, an welcher sich Kuranda, Giskra und Schuselka betheiligten. Letzterer vertheidigte die These, dass der Bürger ein Gesetz, das er nicht für angemessen hält, nicht zu beachten brauche. Diese Discussion führte jedoch nicht zur Beruhigung: der Sturm schwoll immer mehr an. Zu den politischen Fragen gesellte sich die sociale, die allerdings nicht so scharf und spitz gestellt war, wie dies heute der Fall ist. Am 14. April hiess es, dass Tags darauf, an einem Sonntag, eine Versammlung von Arbeitern auf dem Josefstädter Glacis, wo sich jetzt die Universität befindet, abgehalten werden solle, die angeblich auf

---

waren daher noch 8000 Gewehre nöthig) war nach einem Rescripte des Ministers des Innern vom 21. März ein selbstständiger Körper unter seinem eigenen Commandanten, welcher unmittelbar den Befehlen des Kaisers unterstand. (Bezüglich der akademischen Legion vergleiche unsere: „Zur Geschichte der Wiener Universität" S. 89 u. ff.)

zehntausend Bewaffnete rechne; und beabsichtige dieselbe die Nationalgarde, falls diese gegen sie einschreiten wollte, über den Haufen zu rennen. Zu dem Zwecke sollte auch am 14. im Odeon eine Versammlung stattfinden, um über den *modus procedendi* zu berathen.

Das Militär wurde consignirt, aber es geschah nichts. Es verschärfte sich jedoch die Erbitterung zwischen Civil und Militär.

Am 25. April sollte die entworfene Verfassung publicirt werden. Man hielt sie in Regierungskreisen für höchst freisinnig, aber man setzte nichtsdestoweniger voraus, dass sie von der Presse angefochten werden würde. Das Ministerium war überdies bereit, entsprechend dem Wunsche des Magistrats und des Bürger-Ausschusses, das Militär auf die am 15. März gewährte Constitution zu beeiden.

Am 15. Mai fand die Sturmpetition in die Hofburg statt, welche zum Zwecke hatte, das Einkammersystem und den constituirenden Reichstag zu verlangen. Im Ganzen und Grossen waren jedoch die Meinungen und Ansichten gar nicht geklärt; nur so viel war gewiss, dass die republikanische Idee gar keinen Boden hatte, denn als ein nachmaliger officiöser Journalist in der Vorstadt Mariahilf die Republik ausrief, wurde er von Bürgern dingfest gemacht.

In Folge dieser Sturmpetition verliess Kaiser Ferdinand am 17. Mai Wien und begab sich (im Volke wusste man zunächst nicht wohin) mit der ganzen kaiserlichen Familie (in Wien hatte man geglaubt, die Erzherzogin Sophie, der man allerlei Intriguen insinuirte, sei nach Prag gegangen) nach Innsbruck und langte daselbst am 19. Mai, Abends um halb 11 Uhr, an. Die Ankunft des Kaisers war daselbst nicht vorher angemeldet. Einige Minuten, bevor der Hof anlangte, brachte ein Courier das Aviso. Kaum war die Nachricht bekannt, wurde die Stadt beleuchtet und der Monarch mit grossem Enthusiasmus empfangen. Ebenso wurde der Kaiser überall auf der Reise mit Jubel begrüsst.

Die Abreise des Kaisers und des ganzen Hofes verursachte einen panikartigen Schrecken, denn speciell Kaiser Ferdinand hatte viele Sympathien im Volke. Man hielt ihn für einen guten, wohlwollenden Menschen; die Unverantwortlichkeit des Monarchen war noch nicht gesetzlich ausgesprochen, aber es fiel Niemanden ein, den Kaiser für etwas verantwortlich zu machen, was damals gegen das Volk wirklich oder vermeintlich geschah. Die Worte: „Ich lasse auf mein Volk nicht schiessen," die der Kaiser am 13. März gesprochen haben soll, gingen von Mund zu Mund, und Niemand muthete ihm etwas Arges gegen das Volk zu. Dazu kam noch, dass die Krankheit des Kaisers bekannt war, und diese erweckte die allgemein menschliche Theilnahme an Leid und Weh. Nicht minder aufgeregt war die Stimmung in den Provinzen, wo das Volk in Massen aufstehen und gegen Wien ziehen wollte. Diesen Moment benützte das Ministerium und raffte sich zu einer That auf. Die Studenten-Legion wurde in die Nationalgarde eingereiht. Am 18. Mai wurde überdies der von dem gesammten Ministerium genehmigte Sicherheits-Ausschuss, bestehend aus zwanzig Personen, eingesetzt, und repräsentirte er die Bürger, die Nationalgarde und die Studenten. Dieser Sicherheits-Ausschuss hat sich unbestritten grosse Verdienste erworben, aber er war ausser Zweifel eine revolutionäre Institution und hat auch als solche gewirkt.

Während in der Provinz die Sorge um die Zukunft noch Alles beherrschte und der Schrecken über die Abreise des Kaisers die Gemüther befangen hielt, wozu sich auch noch die Finanzmisère des Staates gesellte, durfte man sich der Hoffnung hingeben, dass in Wien nach und nach die Ordnung wiederkehren werde. Der Beschluss des Ministeriums vom 25. Mai, die akademische Legion aufzulösen, stellte jedoch wieder Alles in Frage. Es kam der 26. Mai, der Barricaden-Tag, und das Ministerium trat den Rückzug an, ja, es musste sich noch weiter „rückwärts concentriren". Das Misstrauen gegen das Militär hatte zugenommen, und am 27. Mai erschien der Befehl des Kriegsministers Cordon im Namen des Ministerrathes: „Die Stadtthore Wiens sind von den Nationalgarden, der akademischen Legion und der Bürgergarde allein, die übrigen Wachposten jedoch, mit Ausnahme jener am Kriegsgebäude, sind gemeinschaftlich vom Militär und von den besagten Garden zu besetzen."

Die Vorgänge in Wien verfehlten nicht, ihren Rückschlag auf die Provinzen auszuüben, und wurde die Stimmung, insbesondere in Südtirol, immer schwieriger, und es musste mit den kaiserlichen Beamten energisch gesprochen werden, damit sie ihrer

Pflicht nachkamen. Es herrschte auch die Besorgniss vor, dass Emissäre aus Wien nach der Provinz kommen werden, um das Volk aufzuwiegeln.

Am Hofe zu Innsbruck wurden inzwischen Berathungen gepflogen, was zu geschehen habe. Die Deputationen, welche sich von Wien dorthin begeben hatten, um den Kaiser zu bitten, nach Wien zurückzukehren, blieben erfolglos. Schliesslich wurde beschlossen, den populären Prinzen Erzherzog Johann als *alter ego* des Kaisers nach Wien zu senden. Am 27. Juni reiste er dahin ab.

Am 22. Juli wurde der constituirende Reichstag von Erzherzog Johann eröffnet. An diesem Tage schrieb der Kriegsminister Graf Latour an Radetzky: „Heute ist der hiesige Reichstag durch Se. kaiserliche Hoheit den Erzherzog Johann feierlich eröffnet worden. Es war wahrhaft ein tief ergreifender Anblick, die Vertreter aller Provinzen in der besten Stimmung und bei jeder hiezu geeigneten Stelle der Thronrede die loyalsten und patriotischesten Gesinnungen für Kaiser, Dynastie und Vaterland mit Begeisterung äussern zu sehen. Mögen die Verhandlungen und Beschlüsse dieses Reichstages diese Stimmung bewahren und die tiefen Wunden heilen, die drohende Zerrissenheit des Staates zu einem consolidirten festen Verbande werden lassen."

Der edle Graf, der später so unglücklich endete, täuschte sich, wie wir wissen, in diesen Hoffnungen.

2. Pfingsten, 1848 in Prag.

Die Rolle des Fürsten Windischgrätz in Wien war bald zu Ende gespielt, oder richtiger er kam gar nicht dazu aufzutreten, und wurde dann als Commandirender nach Prag versetzt.

Die Lage Radetzky's in Italien war zu jener Zeit, wie wir später Gelegenheit haben werden auseinanderzusetzen, trotz siegreicher Gefechte, eine precäre, da es ihm an Truppen fehlte. Am 5. Juni 1848 schrieb er daher an den Kriegsminister Grafen Latour: „So lange die Staatskräfte nicht eine namhafte Vermehrung der Armee hierlands gestatten, wird die Wiedereroberung der Lombardei in mehr als einer Hinsicht höchst zweifelhaft bleiben. Somit muss der Krieg unter den gegenwärtigen Umständen ein Manöverirkrieg sein: — er muss seine Richtung bald östlich, bald westlich nach dem jedesmaligen momentanen Zweck ändern, daher bald ein Vorgehen gegen das Venetianische, bald jenes gegen den König (Carl Albert) mit dem steten Hinblick auf Tirol, die Triebfeder meines Wirkens sein."

Graf Latour wendete sich hierauf am 11. Juni an den Fürsten Windischgrätz und verlangte, dass Regimenter aus Böhmen nach Italien zum Heere Radetzky's gesendet werden. Als dieses Schreiben jedoch in Prag anlangte, am 12. Juni, Pfingstmontag, brach daselbst die Empörung aus. Es ist nicht unsere Absicht, das, was über diese Ereignisse aus zahlreichen Schriften bereits bekannt ist, hier zu wiederholen und setzen wir die Kenntniss derselben bei unseren Lesern voraus. Wir bemerken nur, dass am 14. Juni morgens eine Hofcommission, bestehend aus den Grafen Mensdorff und dem Hofrath Kaczansky, in Prag eintraf. Am 15. Juni erschien hierauf der Bürgermeister Wanka mit einigen Abgeordneten der Stadt in der Hofburg am Hradschin und unterbreiteten der Hofcommission die Bitte, dass Fürst Windischgrätz das Commando niederlege und Graf Mensdorff dasselbe übernehme. (Wie man weiss, wurde bei diesem Aufstande die Gemalin des Fürsten Windischgrätz, die Schwester des Fürsten Felix Schwarzenberg, durch einen Schuss getödtet und der Fürst selbst entging nur durch einen Zufall dem Tode, von dem er bedroht war.)

Fürst Windischgrätz fügte sich und es folgte eine diesbezügliche Kundmachung. Am 16. Juni erschien jedoch wieder eine Deputation, welche ersuchte, dass militärische Massregeln ergriffen und Fürst Windischgrätz neuerlich mit dem Commando betraut werde, da der Aufruhr noch nicht gedämpft sei, und nun wurde wieder diese Bitte gewährt.

Noch an demselben Tage erliess der Gubernial-Präsident Graf Leo Thun, der inzwischen aus der Haft, in welche ihn die Studenten am Pfingstmontage, auf seinem Wege von der Kleinseite zur Altstadt, gebracht hatten, befreit worden war, eine lithographirte Kundmachung (da keine Buchdruckerei zur Verfügung stand), nach welcher der Belagerungszustand über Prag verhängt wurde. Diese Massregel wurde getroffen, da nicht nur Prag selbst revoltirt war, sondern es wurde auch bekannt, dass fremde Emissäre sich daselbst befanden.

Fürst Windischgrätz erhielt nämlich aus Krakau, vom 13. Juni, die Mittheilung, dass nach ziemlich sicherer Vermuthung in Prag der Pole Fürst Sapieha oder dessen Gemalin anwesend sei. In Folge gemachter Erfahrung sei beinahe die Gewissheit vorhanden, dass dieser Fürst sowohl durch bedeutende Geldmittel, Ueberredungskunst und sonstige Triebfedern überall, wo er sich befinde, zu Gunsten der polnischen Revolution Umtriebe und Unordnungen in's Werk setze. Die Fürstin sei in dieser Beziehung eben so geschickt und thätig wie der Fürst. Man müsse daher auf dieses höchst gefährliche Ehepaar aufmerksam machen, damit dasselbe strenge überwacht werde. Zu dieser Classe gehöre auch Fürst Sulkowski, früher Cadet bei Liechtenstein-Cheveaux-légers.

Fürst Windischgrätz hatte nun in Prag den Belagerungszustand, der ihm in Wien sozusagen unter der Hand entschlüpft war und er richtete sich in demselben ein. Weniger vertraut schien er mit dem Begriffe einer constitutionellen Monarchie gewesen zu sein. Schon in der Pillerstorff'schen Verfassung war das Princip der Verantwortlichkeit der Minister ausgesprochen. Fürst Windischgrätz kümmerte sich jedoch nicht um die Minister, respective um den Kriegsminister, er sendete seine Berichte direct an den obersten Kriegsherrn, an den Kaiser, der damals in Innsbruck weilte, und nur im Allgemeinen gab er auch dem Ministerium Kenntniss über die Ereignisse. Der Kriegsminister Graf Latour sah sich daher veranlasst, es dem Fürsten am 25. Juni nahe zu legen, auch dem Ministerium Detailberichte über die Zustände in Prag zu geben.

Durch sein autokratisches Vorgehen bereitete der Fürst überdies dem Ministerium, welches zu jener Zeit überhaupt mit zahlreichen Widerwärtigkeiten nach Innen und Aussen zu kämpfen hatte, allerlei Verlegenheiten. Wir wollen einen Beleg anführen. Im Laufe des Monates Juni hatte sich eine Deputation von Wienern nach Prag begeben, um daselbst die Bürger und Studenten zu begrüssen und nach damaliger Sitte ein Verbrüderungsfest zu feiern. Diese Deputation jedoch erfuhr von Seite der Militärbehörde in Prag eine sehr harte Behandlung und wurden ihr sofort bei ihrem Eintreffen die Seitengewehre abgenommen, die ihr nicht wieder zurückerstattet wurden. Der Sicherheitsausschuss in Wien führte wegen dieser argen Behandlung einer Wiener Deputation, die nichts Böses im Schilde führte, beim Ministerium

Beschwerde. Der Kriegsminister wendete sich hierauf am 28. Juni an den Fürsten Windischgrätz um Aufklärung über den eigentlichen Sachverhalt, da dem Ministerium derselbe, wie er vom Sicherheitsausschusse geschildert wurde, nicht glaublich erschien, weil das Erscheinen der besagten Deputation offenbar friedlicher Natur war. Graf Latour verlangte daher zunächst, dass die fraglichen Waffen ihren rechtmässigen Eigenthümern ohne Verzug nach Wien zurückerstattet werden. Der Ministerrath wollte überdies über das Vorgefallene klare und bestimmte Aufschlüsse, um möglicher Weise auf gestellte Interpellation im Reichstage antworten zu können. Insbesondere aber wollte der Kriegsminister wissen, ob die Nothwendigkeit des für einen constitutionellen Staat gewiss sehr abnormen Belagerungszustandes noch ferner vorhanden sei und wurde eine officielle und detaillirte Darstellung verlangt, in welcher die Gründe angegeben werden, weshalb der Belagerungszustand noch nicht aufgehoben wurde.

In gleichem Sinne wie der Kriegsminister an den Fürsten Windischgrätz, schrieb der Minister des Innern Freiherr v. Pillerstorff an den Gubernial-Präsidenten Grafen Leo Thun, dass dieser von seinem Standpunkte aus sich über die angeführte Frage ausspreche.

Die Antworten der beiden Würdenträger, Windischgrätz und Thun, waren verschieden. Windischgrätz sprach sich, 29. Juni, auf das Entschiedenste gegen die Aufhebung des Belagerungszustandes aus. Würde man diesen Schritt machen, erklärte er, so bräche die Anarchie aus und die Dynastie stünde in Gefahr Böhmen zu verlieren. Falls man, liess er sich ferner vernehmen, auf seine Stimme, welche auch die Stimme aller Gutgesinnten sei, nicht hören sollte, so werde er sich an den Kaiser selbst wenden, und sich vor jedem Antheil an den für die Monarchie unberechenbaren, unheilvollen Folgen zu verwahren wissen. Er beklagte es nicht minder, dass seine Handlungsweise vom Ministerium nicht richtig beurtheilt und daher auch nicht gewürdigt werde. Alle Gutdenkenden, erklärte er, würdigen seine Milde, und das Urtheil der ganzen Welt laute dahin, dass er, der Fürst, Energie mit Milde zu vereinigen wisse. Er erinnerte auch, dass er beim Erscheinen der Hofcommission in Prag (am 14. Juni), welche seine Amtshandlungen controliren sollte, sich veranlasst sah, zurückzutreten (wie wir wissen erfolgte diese Demission nicht blos in Folge des Erscheinens der Hofcommission), und nur, um die üblen Folgen dieses Schrittes zu vermeiden, sei er in seiner Stellung verblieben. Falls man aber in Wien eine derartige zweite Sendung planen und den Fürsten in irgend einer Weise compromittiren möchte, so werde er sich gezwungen sehen, seine Stellung in Prag aufzugeben und dem Lande und der Armee die Ursache seines Rücktrittes kund zu thun.

In einer anderen Tonart abgefasst und von einer anderen Auffassung der Verhältnisse geleitet war der Bericht des Grafen Leo Thun. Wohl hielt auch er die Fortdauer des Belagerungszustandes vorläufig für angemessen, aber er befürchtete nicht, falls derselbe aufgehoben würde, derartige furchtbare Calamitäten wie Fürst Windischgrätz.

Zur Ehre des damaligen Ministeriums muss gesagt werden, dass es sich, trotz der precären Lage, in welcher es sich befand und trotz aller Widerwärtigkeiten, die auf dasselbe von allen Seiten einstürmten, sich doch nicht von den Drohungen Windischgrätz' einschüchtern liess. Das Ministerium konnte nicht die Verantwortung für die etwaige Losreissung Böhmens von Oesterreich oder für die hereinbrechende Anarchie, welche Fürst Windischgrätz im Falle der Aufhebung des Belagerungszustandes in Aussicht gestellt hatte, übernehmen. Da jedoch am 8. Juli die Wahlen zum Reichstage in Prag stattfinden sollten, so befürchtete es, dass der Reichstag jene während des Belagerungszustandes stattgefundenen Wahlen annulliren könnte und die Hauptstadt Böhmens wäre in der Legislative nicht vertreten. Ueberdies besorgte das Ministerium, dass der Reichstag den Belagerungszustand als ungesetzmässig und nicht durch die Umstände als vollkommen gerechtfertigt erklären würde. Seiner grossen Verantwortung nach allen Seiten hin sich bewusst, sendete es daher einen Vertrauensmann, Hofrath Komers, von der obersten Militärjustiz nach Prag und ersuchte den Fürsten, diesem Alles näher mitzutheilen, um klare Einsicht in die Verhältnisse zu erlangen. Von dessen unbefangenen, unparteiischen Bericht werde es abhängen, ob der Belagerungszustand verbleiben oder suspendirt werden soll.

Fürst Windischgrätz gab hierauf seinem Unmuthe über die unaufhörlichen Controlirungen Ausdruck und hielt es seiner unwürdig, eine andere Darstellung von Thatsachen zu geben als sie wirklich seien, oder eine entschieden günstige Wendung der Verhältnisse der Kenntniss der Behörden vorzuenthalten. Er gab ferner der Hoffnung Ausdruck, dass man fernerhin nicht mehr an der Richtigkeit seiner Urtheile zweifeln werde. Er liess sich aber denn doch zu einer Concession herbei, er gestattete nämlich behufs der vorzunehmenden Reichstagswahlen unbehindert Zusammenkünfte und Wahlversammlungen, und wie wir sofort hinzufügen wollen, hob er am 20. Juli den Belagerungszustand auf.

Zwei Tage hernach, am 22. Juli, wurde, wie bereits bemerkt, der erste constituirende Reichstag in Wien in der kaiserlichen Winterreitschule von Erzherzog Johann eröffnet und schon am 26. Juli interpellirte der Abgeordnete Dr. Claudy, in jüngster Zeit Stellvertreter des Landesmarschalls in Böhmen, welche Schritte das Ministerium gethan und welche Massregeln dasselbe zur Untersuchung des strafwürdigen Benehmens des Militärs in der Pfingstwoche zu Prag getroffen habe. Das Militär habe sich geweigert den Hofcommissär Grafen Mensdorff als commandirenden General anzuerkennen, es sei daher der Meuterei schuldig. Dieser offenen Anklage schloss sich später der Abgeordnete Ladislaus Rieger an.

Als Windischgrätz von dieser Interpellation Kenntniss erhielt, verlangte er, dass Claudy ihm öffentlich Abbitte leiste. Dass Abgeordnete für die Reden, die sie im Reichstage halten, unverantwortlich seien, wollte dem Fürsten nicht einleuchten, ja er verlangte die Bestrafung des genannten Abgeordneten, sonst werde das Ministerium alles Vertrauen verlieren. Nun musste dem Fürsten klar gemacht werden, dass Abgeordnete wegen ihrer Reden im Reichstage nicht zur Verantwortung gezogen werden können.

Neues Herzeleid empfand der Fürst, als Dr. Brauner, der sich bei den Juni-Ereignissen compromittirt hatte und deshalb in Haft war, aus derselben befreit wurde. Der Fürst klagte, 10. August, über die illegale ganz inconstitutionelle (sonderbar klingt diese Klage im Munde des Fürsten Windischgrätz), blos durch Machtspruch erfolgte Freilassung des stark gravirten Brauner. Der Freispruch Brauner's erfolgte jedoch lediglich durch ein Erkenntniss des Prager Criminalgerichtes. Wohl hatten sich Prager Bürger an das Justizministerium mit der Bitte um einstweilige Freilassung

Brauner's, der in den Reichstag gewählt worden war, gewendet: dieselbe wurde jedoch abgelehnt, weil es dem genannten Ministerium nicht zustand, in den Gang der Justiz einzugreifen. Andererseits aber hatte es selbstverständlich auch keinen Grund, das Erkenntniss des Prager Criminalgerichtes irgendwie anzufechten. In der Reichstagssitzung am 31. August legte hierauf der inzwischen in den Reichstag eingetretene Abgeordnete Brauner die Vorfälle in der Pfingstwoche zu Prag geradezu dem Fürsten Windischgrätz zur Last. Nun verlangte dieser neuerdings Genugthuung, die ihm selbstverständlich nicht gewährt werden konnte.

Voll wurde das Mass des Unmuthes Windischgrätz' durch die kaiserliche Entschliessung vom 15. September, nach welcher die Criminaluntersuchung in Prag wegen der Juni-Ereignisse nur in Betreff der Urheber fortgesetzt, in Betreff der übrigen Angeklagten aber aufgelassen werden sollte, u. zw. sollten die Verurtheilungen nur auf Grund einer öffentlichen und mündlichen Schlussverhandlung durch das Schwurgericht erfolgen. — Vorläufig musste sich der Fürst fügen, doch es kam bald seine Zeit.

3. Italicae res.

„Aber" — so heisst es in der Schrift „*Italicae res*", Seite 25, von Haymerle — „wenn man heute sie (die italienischen Provinzen, für welche Oesterreich so viel gethan und welche es nur nach einem schweren Kampfe aufgegeben) uns zurückgeben wollte, diese schönsten Perlen im reichen Diadem der italienischen Krone — wir würden ganz bestimmt sie nicht wieder nehmen." Wir denken, dass es jetzt Niemanden gibt, der diesem Satze widersprechen würde, und doch, welcher harten und schweren Kämpfe bedurfte es, wie viel Opfer an Geld, Mitteln und Menschenmaterial kostete es, bevor man zu dieser Anschauung gelangte und sie Gemeingut in Oesterreich geworden ist?

Die Vorboten des herannahenden Sturmes hatten sich da am frühesten gezeigt. Ende December 1847 theilte der Hofkriegsraths-Präsident, Graf Hardegg, dem Grafen Radetzky den Wunsch des Kaisers mit, fortwährende Kenntniss über den Stand der piemontesischen Armee, über etwaige Rüstungen und Mobilität zu erhalten, und ob etwa auf die Absicht einer offensiven Bewegung gegen die Lombardei geschlossen werden könnte. Radetzky jedoch wusste blos (5. Januar 1848), dass Rüstungen in der piemontesischen Armee stattfinden, aber selbe geschähen so geheim, dass man im officiellen Wege wenig, und vertraulich nur Widersprechendes erfahre. Selbstverständlich hatte er unter diesen Verhältnissen ein wachsames Auge auf die Grenze.

Der Herzog von Parma jedoch schrieb am 7. Januar an den Staatsminister Grafen Fiquelmont (damals in Mailand, nachher Minister des Aeussern vom 13. März bis 4. Mai 1848): „Obschon in meinem Herzogthum scheinbar Ruhe ist, so ist diese grösstentheils der Gegenwart der Hussaren-Escadron, welche jetzt in Parma stationirt, zu danken. Man darf sich jedoch nicht täuschen, die Revolution macht ausserordentliche Fortschritte und wird noch in diesem Jahre das Problem: Sein oder nicht sein! gelöst werden."

Inzwischen fanden, wie bekannt, am 2. und 3. Januar in Mailand Tumulte wegen des Cigarrenrauchens statt. Am letzteren Tage war das Militär genöthigt, von den Waffen Gebrauch zu machen, und thatsächlich wurden fünfunddreissig Personen vom Civil verwundet und fünf fielen. Unter Letzteren befanden sich ein Apellationsgerichtsrath und der Koch des genannten Grafen Fiquelmont. Von nun an war kein Soldat, kein Officier auf der Strasse seines Lebens sicher. Aehnliche Tumulte fanden auch in anderen italienischen Städten statt, und es stellte sich heraus, dass man es mit einer weit verzweigten Conspiration zu thun hatte, die ihr Haupt zu erheben begann.

Radetzky machte für diese Vorgänge zunächst die Civilbehörden, die sich zu schwach gezeigt hatten, verantwortlich. Es gelang wohl bald die Ruhe wieder herzustellen, aber unverhohlen sprach sich überall Hass und Verachtung gegen die Regierung aus. Mehrere Familien reisten ab, manche aus Furcht, manche aus Abneigung. Von Seiten der Regierung geschah nichts oder wenig, ausser dass der Vice-König Erzherzog Rainer, wie Radetzky in einem Schreiben vom 20. Januar an den Fürsten Felix Schwarzenberg, damals in Neapel, unmuthig und höhnisch schrieb, eine Proclamation an die „diletti Milanesi" richtete. Man nahm einige Arretirungen in den unteren Ständen vor, liess aber die wahren Ruhestörer aus den höheren Ständen ruhig weiter herumgehen. Handel und Gewerbe stockten, und kein Mensch traute sich ein Geschäft zu machen, wodurch die Unzufriedenheit auch der gutgesinnten Bürger einen hohen Grad erreichte, da sie sich nicht in ihren Interessen geschützt sahen. Die Bewegungspartei übte einen Terrorismus über alle Classen aus, und Niemand wagte es, sie anzugreifen. Unablässig klagte Radetzky die Civilbehörden an, deren Schwäche und schlecht angewendete Mittel es dahin habe kommen lassen, wo die Dinge eben standen, und die sich nun geradezu in Opposition gegen ihn befanden. Der Hass des Volkes aber sei nur gegen ihn und gegen seine Truppen gerichtet.

Die Sympathien der Lombarden für die Piemontesen wuchsen, nachdem der König Karl Albert Anfangs Februar seinem Lande die Constitution ertheilt hatte. Die freie Presse daselbst that nun alles Mögliche, um Oel in's Feuer zu giessen, wodurch die Erbitterung von beiden Seiten immer mehr zunahm und der Hass gegen Oesterreich immer glühender wurde. Zu all' dem kam noch Folgendes: Wie bekannt, war Papst Pius IX. zu Anfang seines Pontificats von anderen Gesinnungen beseelt, als später, nachdem die Revolution auch den heiligen Stuhl selbst bedrohte und der Pontifex Maximus gezwungen war, die Flucht zu ergreifen. Zu Anfang seiner Regierung, als die Gährung im Volke zunahm und dann zum Ausbruche kam, stand der Papst als Italiener auf Seiten Italiens, ja, er stand an der Spitze der Bewegung, und in gleicher Weise waren die Geistlichen in der Lombardei gegen die österreichische Herrschaft daselbst. Feldmarschall Radetzky sah sich daher am 15. März veranlasst, den Soldaten zu verbieten, die österliche Beichte bei italienischen Priestern abzulegen und deren Predigten anzuhören. „*Siccome il clero italiano ad eccezione di pochi religiosi, appartiene ai nostri piu aperti e periculosi nemici . . . affinche le truppe non facciano la confessione pasquale presso nessun altro sacerdote se-non è il rispettivo cappelano militare . . . E meglio che il soldato si astengo dall'andare a predica che d'ascoltare una che l'abbia a rendere fellone.*"

Am 23. März sah sich Feldmarschall Radetzky genöthigt, den, wie er sich ausdrückte, „fürchterlichsten Entschluss seines Lebens" zu fassen und Mailand, das er nicht mehr halten konnte, zu räumen. Mailand wurde von den Oesterreichern verlassen und in Venedig siegte die Empörung. Auf die italienischen Truppen im österreichischen Heere war nun nicht mehr zu rechnen, sie fielen nach und nach alle ab, oder die Bataillone lösten sich durch Desertion auf. Das Heer, welches Radetzky am Mincio zu versammeln hoffte, berechnete er auf vierzig- bis fünfzigtausend Mann, die keinesfalls genügten: er brauchte daher vor Allem Truppen. Es fehlte ihm auch an allen Transportmitteln. Er führte, wie er an Fiquelmont am 30. März schrieb, zunächst den Krieg eines Freibeuters und lebte, seitdem er Mailand verlassen musste, von Requisitionen. „Der Hofkriegsrath," bemerkte er ferner in dem angeführten Schreiben, „muss meine Lage kennen, ohne dass ich nöthig hätte, jeden Gegenstand mit Tabellen und Ausweisen zu belegen."

Trotz der Situation, in welcher sich Radetzky befand, verzweifelte er nicht an der Zukunft. „Ist nicht der letzte Keim von Vaterlandsliebe und Nationalstolz in den Herzen des einst so treuen Gesammtvaterlandes verloren," ruft er aus, „so wird man mich nicht stecken lassen." Und er schliesst: „Nochmals, es ist nichts verloren, wenn Oesterreich seine grossen Mittel entwickeln will. Wir können, wir dürfen Italien nicht fahren lassen . . . . Ich bleibe bei diesen Worten. Gründe für ihre Wahrheit anzuführen, wäre Zeitverlust. Siegreich können wir aus dieser Krisis hervorgehen, wenn wir uns nicht selbst verlassen."

Radetzky brauchte Truppen, aber diese waren eben schwer zu beschaffen, da man sie allerorten benöthigte. Er schickte hierauf eine Vertrauensperson, Grafen Huyn, vom Generalstabe, nach Bozen, wo sich der Vice-König von Italien, Erzherzog Rainer, befand. Dieser erkannte die äusserst schwierige, in der Geschichte ohne Beispiel dastehende Lage der Armee, aber zu einer Proclamation an die Tiroler war er nicht zu bewegen. Voll Unmuth berichtete Huyn am 5. April: „Es gibt aber immer Leute, die finden, man soll sich in nichts mischen, was Einen nicht angeht. Nun, mich geht hier eigentlich gar nichts an. Auch das habe ich schon hören müssen. Ich habe das heruntergeschluckt und arbeite und agitire fort." Er fand seine Stellung zwischen Hofrath und Kammerherrn oftmals zum verzweifeln, und zwar um so mehr, da er keinen ausgesprochenen Wirkungskreis hatte.

Wenn jedoch Erzherzog Rainer zögerte, eine Proclamation an die Tiroler zu erlassen, so mag dies wohl aus dem Grunde geschehen sein, weil er befürchtete, sie werde nicht den erwünschten Erfolg haben. Der Commandirende in Innsbruck, Freiherr v. Welden, schilderte am 6. April die Zustände in Tirol folgendermassen: „Die Einwohner der südlichen Theile, als italienisch, sind ganz in der revolutionären Stimmung wie Italien, und die Leute in den anderen Theilen Tirols sind ohne irgend welchen guten Willen, etwas für die Regierung zu thun, die, wie sie sagen, nichts für sie gethan. Als jüngst die Schützen-Deputationen für das Land Tirol aufgefordert wurden, war ihre erste Frage, wie viel der Mann täglich bekäme, und ihre erste Erklärung, sie würden sich schlagen, wenn der Feind vor ihrer Thüre wäre, das Andere ginge sie nichts an."

In Folge der Grenzsperre entbehrte Tirol der Einfuhr, und es fehlten alle militärischen Ressourcen an Lebensmitteln, sogar an Heu. Jedes Truppenquantum, welches plötzlich nach Tirol hineingedrückt worden wäre, hätte unter diesen Umständen verhungern müssen, und die trefflichste Truppe unterliegt mit leerem Magen.

Noch trostloser lautete ein Schreiben Welden's vom 7. April an Radetzky, in welchem es heisst: „Von Tirol erwarten sich Euere Excellenz schlechterdings keine Unterstützung, nicht einmal guten Willen. Es mangelt an Waffen, Lebensmitteln und gutem Geist. Im ganzen Lande ist nicht ein Beamter, der sie wecken könnte, und dem Militär sind sie Alle von Natur aus abhold."

Nebenher mag bemerkt werden, dass sowohl Welden wie der Landes-Präsident Graf Brandis im Land nicht beliebt waren. Der Noth der Zeit gehorchend, schritt man denn doch zur Volksbewaffnung in Tirol, aber die Zustände waren wahrhaft kläglich. In Folge der Ereignisse des Jahres 1809 wurde das Land zweimal entwaffnet und seit jener Zeit geschah nichts für dessen Bewaffnung. Als man nun zur Volksbewaffnung schritt, war nichts vorhanden, nichts eingeleitet: ausgenommen Pulver und Blei war für nichts gesorgt. Die Regierung sendete zehntausend altartige Steinschlossgewehre, die nach und nach eintrafen; von irgend einer Organisation aber war keine Rede. Es war Mangel an Schützen, da Mangel an Stutzen war, und wäre letzteres zu ertragen gewesen, wenn man hinreichend Carabiner oder Kammergewehre gehabt hätte. Bei den sich bildenden Compagnien war kaum ein Drittel mit Stutzen bewaffnet, die übrigen hatten entweder keine oder nur unbrauchbare Gewehre. Der Landsturm wurde zunächst für den bedrohten Bezirk organisirt und diesem fehlte es vollkommen an Waffen. Nicht geringe Schwierigkeit bot ferner die Herbeischaffung der Lebensmittel, die sämmtlich aus Baiern oder über Kärnten bezogen werden mussten.*) Falls Radetzky genöthigt gewesen wäre, Verona zu verlassen, so war in Aussicht genommen, dass die unter Feldmarschall-Lieutenant Welden stehenden Streitkräfte Tirol vereint mit dem Volke daselbst vertheidigen. Die Wichtigkeit dieser Aufgabe für die Monarchie, und beziehungsweise dieser für Deutschland, wurde allseitig anerkannt.

Trotz all' dieser Verhältnisse, zu welchen auch die Finanz-Calamität gehörte**), ging Radetzky zur Offensive über. Wir wollen hier des Treffens bei Santa Lucia am 6. Mai gedenken. Hier war es, wo der jetzige Kaiser von Oesterreich, damals Erzherzog Franz Josef, die Feuertaufe erhielt. Wie bekannt, bezeugte Radetzky in dem Bericht an den Kriegsminister vom 6. Mai, dass der Erzherzog die grösste Ruhe und Kaltblütigkeit an den Tag legte, und als Augenzeuge berichtete er, „wie eine feindliche Kanonenkugel auf kurze Distanz neben diesem einschlug, ohne dass er die geringste Bewegung dabei geäussert hätte". In diesem Berichte machte aber auch Radetzky auf den „sonderbaren Umstand" aufmerksam, dass bei Santa Lucia an der Spitze der kämpfenden Feinde päpstliche Schweizer-Truppen sich befanden, „was sonderbar mit den freundschaftlichen Versicherungen Seiner Heiligkeit im Widerspruche steht".

---

*) Schreiben des Erzherzogs Johann an Radetzky vom 2. Mai 1848.

**) Der Commandant von Mantua, Gorzkowski, sah sich auf Anrathen des dortigen Polizei-Obercommissärs veranlasst, eine Münze in Mantua zu errichten. Es befand sich nämlich im dortigen Versatzamte eine grosse Menge Silber, fast ausschliesslich Eigenthum von Juden, welche zur Prägung von drei bis vier Millionen „Zwanzigern" hinreichte. Er glaubte zu dem Mittel, welches die Franzosen 1799 und später General Wurmser benützten, in der Noth greifen zu dürfen.

Hier scheint es uns angemessen, eines unscheinbaren Moments zu erwähnen, welches, wie wir glauben, nicht ohne Bedeutung ist. Man sprach zu jener Zeit viel von einer Camarilla und von dem reactionären Geiste, der in Hofkreisen wehte. Dies war jedoch nicht durchwegs der Fall. Nach mehreren Gefechten sendete nämlich Radetzky einen Bericht an den Kriegsminister, in welchem er Anträge in Betreff Auszeichnungen, Ordensverleihungen etc. an verdiente Soldaten stellte. Nachdem sich jedoch ergab, dass mehrere Krieger, die sich ebenfalls ausgezeichnet hatten, übergangen wurden, schickte Radetzky den Generalmajor Mengewein direct nach Innsbruck mit einer Nachtragsliste. Mengewein wurde am 24. Mai vom Erzherzog Franz Karl empfangen, welcher jedoch bemerkte, dass der Kaiser bei dem Bestehen eines verantwortlichen Ministeriums ohne dessen früher eingeholtes Gutachten nicht wohl irgend einem Erlasse seine Unterschrift geben könne.

Man wird zugeben, dass dieser Vorgang nichts an Correctheit zu wünschen übrig lässt.

Radetzky hatte viel gethan, aber es blieb ihm noch weit mehr zu thun übrig. Am 5. Juni wendete er sich daher wieder mit einem Nothruf an den Kriegsminister um Truppen. In einem Schreiben vom 12. Juni beauftragte dieser den Fürsten Windischgrätz, der damals Commandirender zu Prag war, Regimenter aus Böhmen zum Heere Radetzky's nach Italien zu senden. Doch als dieses Schreiben in Prag eintraf, war daselbst die Revolution ausgebrochen. Nachdem in Folge des Belagerungszustandes die Ruhe in Prag, respective in Böhmen, wieder hergestellt war, verlangte Latour neuerdings von Windischgrätz, Truppen an Radetzky abzugeben. Doch dieser hielt das, am 24. Juni, nach wie vor für unmöglich. Auf Grund seiner unwiderlegbaren genauen Fachkenntniss erklärte er unumwunden, falls er gezwungen werden sollte, Truppen abzugeben, werde weder er und noch weniger ein anderer im Stande sein, Böhmen zu halten, und sei er daher fest entschlossen, nach Innsbruck zu gehen und dem Kaiser seine Stelle zu Füssen zu legen. Momentan sei wohl Ruhe, aber der bevorstehende Landtag und die geplante Aufhebung des Belagerungszustandes seien Klippen, an welchen man ohne imposante Gewalt unrettbar scheitern würde, da auch auf dem Lande wie in

Prag die Aufregung durch die unablässigen verbrecherischen Umtriebe der Emissäre fortwährend genährt werde. Unter diesen Verhältnissen suchte Graf Latour nach Möglichkeit, und diese war allerdings sehr gering, wo irgend ein Fähnlein aufzutreiben war, dasselbe zu Radetzky zu beordern. Konnte dieser doch überhaupt nur in Zwischenräumen und stückweise statt auf einmal und mit einer entscheidenden Macht vorgehen, da er stets einem numerisch überlegenen Feinde gegenüberstand. Im März und April hatte er nach Besetzung der Festungen kaum einige zwanzig tausend Mann, der Feind aber vierzigtausend. Als er dann Ende Mai mit einigen vierzigtausend Mann die Offensive ergriff, war der Feind schon gegen sechzigtausend Mann stark.

So Vieles und Grosses, wie wir sagen dürfen, Radetzky auch geleistet hat, so würden wir denn doch von der Wahrheit abweichen, wenn wir aussprechen wollten, dass dieser Krieg ein populärer war, und erinnern wir nur, wie missliebig das Gedicht Grillparzer's: „Glück auf! mein Feldherr" aufgenommen wurde. Kam es doch so weit, dass später auch im Reichstage selbst sich eine abfällige Stimme über Radetzky vernehmen liess. Ein sehr geringer und kleiner Theil mag vielleicht die Ereignisse von 1859 und 1866 vorausgesehen oder geahnt haben; der weitaus grössere Theil jedoch war gegen diesen Krieg, weil man ihn als gegen die Freiheit geführt betrachtete, und im Jahre 1848 war Freiheit und wieder Freiheit für sich wie für andere das grosse Losungswort.

Das Ministerium des Innern gab der öffentlichen Meinung leisen Ausdruck in einem Schreiben an das Kriegsministerium, welches zur Kenntniss des Feldmarschalls gelangte. Dieser war in der Beziehung empfindlich und er liess sich am 21. Juni vernehmen: „Ich kann mir dies bei dem Urtheile der Welt gefallen lassen und mich in mein Bewusstsein hüllen. Ich meinerseits wünsche nur, dass es dem Herrn Minister bald gelingen möge, die Intelligenz unserer Zeit, die gesetzgebende Schaar der Studenten mit ihren erkauften communistischen Alliirten, den Arbeitern, so in Schach zu halten, als es mir nach Schlachten und Kämpfen gegenwärtig, obschon ich in der Minderzahl bin, mit dem König von Piemont gelungen ist. Ich würde ihm und dem Vaterlande, das durch selbe zerfleischt wird, aus vollem Herzen Glück wünschen."

Die precäre Lage der Monarchie, sowie Conflagrationen, die man nach aussen hin besorgte (Frankreich hatte die „*Armée des Alpes*" aufgestellt und England warnte), drängte dazu, einen Abschluss herbeizuführen, und man befreundete sich in Wien immer mehr mit dem Gedanken, die Lombardei aufzugeben, ein Vorschlag, den Humelauer bereits am 22. Mai der englischen Regierung unterbreitete.*) Radetzky erhielt daher am 12. Juni den Auftrag, unverzüglich mit dem König von Sardinien einen Waffenstillstand abzuschliessen. Dieser Auftrag langte am 15. Juni im Hauptquartier an. Inzwischen hatte sich die Situation wieder zu Gunsten Oesterreichs gebessert. Radetzky betraute daher den Fürsten Felix Schwarzenberg**), der sich nach Wien begab, mit der Aufgabe, das Ministerium von diesem Vorhaben abzubringen, und ihm gelang es, das Ministerium zu überzeugen, dass es aus militärischen, finanziellen und politischen Gründen nicht räthlich sei, sofort einen Waffenstillstand abzuschliessen. Er wies darauf hin, dass die österreichische Armee in ihrer dermaligen Stellung nichts vom Feinde zu befürchten hätte. Die gegenseitige Lage beider Armeen sei derart, dass König Albert die österreichische nicht angreifen werde, die österreichische hingegen die seinige wegen der zu grossen numerischen Differenzen nicht angreifen könne, so dass factisch ein Waffenstillstand bestehe. Falls aber die österreichische Armee eine Verstärkung von 25.000 Mann guter Infanterie erhielte, könnte sie nicht nur den König Albert in seiner jetzigen Stellung delogiren, sondern ihm eine Schlappe beibringen, dass man vielleicht in Mailand den Frieden dictiren könnte. Ein derartiger Waffenstillstand würde auch eine grosse Wirkung auf die Armee ausüben. Es liege ferner im Interesse Frankreichs, sowie Oesterreichs, Italien nicht zu einem mächtigen Staate werden zu lassen, und wäre sich daher mit diesem zu verständigen, und Frankreich die Beruhigung zu geben, dass man die Lombardei nur zum Zwecke der Austreibung der Piemontesen und der Erringung eines ehrenvollen Friedens, keineswegs

*) Ueber die Mission Humelauer's vergl.: „Aus Metternich's Nachlass", VIII, S. 432.

**) Fürst Felix Schwarzenberg war früher österreichischer Gesandter in Neapel. Nach dem Ausbruche der Revolution daselbst begab er sich am 28 März in das Lager Radetzky's.

aber in der Absicht erobern wolle, dieses Land der österreichischen Monarchie wieder einzuverleiben. Diese Mittheilung machte Schwarzenberg am 25. Juni. In der Zwischenzeit standen jedoch die Dinge anders. Schwarzenberg hatte seinen Weg nach Wien über Innsbruck gemacht, wo sich der am 3. Juni ernannte Minister des Aeussern Freiherr v. Wessenberg befand. Dieser benahm sich den gemachten Vorschlägen gegenüber ablehnend und schrieb in diesem Sinne am 19. Juni an Radetzky. Er wies zunächst auf die schlechte Lage der Finanzen hin, die eine längere Fortsetzung des Krieges bedenklich, wenn nicht gar unmöglich machen. Ohne Hoffnung auf das nahe Ende des Krieges würde der Staatscredit und der Credit der Nationalbank noch mehr herabsinken und das Vertrauen auf die Zahlungsfähigkeit gänzlich vernichten. Ein neuer Aufwand von Kräften aber, wenn er auch möglich wäre, blos für die Wiedereroberung eines Landes, auf dessen Besitz man bereits zu verzichten entschlossen sei, würde schwer vor dem Reichstage zu verantworten sein, und ein glänzender Waffengang in der Lombardei würde nur neue Complicationen hervorrufen. Es sei auch der innere Zustand in den deutschen Provinzen derart, dass eine bedeutende Verminderung der dort vorhandenen Truppen zu Gunsten der italienischen Armee eine Unmöglichkeit geworden sei.

Es wäre daher gerathen, mit der provisorischen Regierung in Mailand direct zu verhandeln. Da jedoch die Mailänder eine Deputation in das Lager des Königs Carl Albert sendeten, um demselben die Vereinigungsacte mit Piemont zu überbringen, so müsse man zunächst das Resultat dieser Deputation abwarten.

Wie aus obiger Darstellung hervorgeht, hat zu jener Zeit Niemand, auch Radetzky nicht, daran gedacht, die Lombardei für Oesterreich zu erhalten (vergleiche dagegen Helfert*), „Geschichte Oesterreichs", IV., 144 u. ff.). Thatsächlich hatte auch die „Wiener Zeitung" am 17. Juni angekündigt, dass die ersten Schritte zu einer dauernden Aussöhnung mit der provisorischen Regierung in Mailand gemacht worden seien. Die weiteren Waffenthaten Radetzky's und die Eröffnungen Schwarzenberg's brachten einen Stillstand: aber noch am 2. August kam Graf

---
*) Helfert schreibt consequent Radecký, der Feldmarschall zeichnete jedoch: Radetzky.

Latour auf den Plan zurück und drängte zum Waffenstillstande. Dass Radetzky selbst, nur der äussersten Noth gehorchend, an die Abtretung der Lombardei dachte, wollen wir allerdings nicht bestreiten, aber er wagte es nicht, eine derartige Hoffnung zu hegen oder sie zu verlautbaren. Indessen that er, was er thun konnte und benutzte jedes Moment, um sein Ziel zu erreichen. Nachdem die deutsche Bundesversammlung an Sardinien die Erklärung abgegeben hatte, dass sie die Grenzen des Bundesstaates respectirt haben wolle, befahl Radetzky am 23. Juni dem Commandanten des dritten Armeecorps, Feldmarschall-Lieutenant Grafen Thurn*), an den Grenzen von Tirol, namentlich da, wo bereits Grenzzeichen bestehen und an Punkten, wo Strassen und Wege in das Land führen, Pfähle mit Tafeln und der Aufschrift: „*Confine della Confederazione germanica*" aufstellen zu lassen.

Radetzky trug sich um diese Zeit mit dem Gedanken, dem König von Sardinien eine Schlacht zu liefern, und fragte den Grafen Latour um Rath, doch dieser lehnte es ab, 27. Juni, irgend eine Ingerenz zu üben, um nicht in den Fehler des ehemaligen Hofkriegsraths zu verfallen, welcher vom Cabinete aus die Kriege leiten wollte. Der Kriegsminister hielt es auch nicht für angemessen, einem kriegserfahrenen Mann, wie Radetzky, der in so hohem Grade das Vertrauen des Monarchen, der Regierung und der Armee besass, militärische Rathschläge zu ertheilen. Latour war jedoch bemüht, dem Feldmarschall jeden disponiblen Soldaten zuzuführen, denn der Pacificationsgedanke hatte damals keine Unterlage. Wessenberg hatte nämlich am 13. Juni den Legationsrath Schnitzer nach Mailand gesendet, welcher daselbst mit der provisorischen Regierung auf der Basis der Unabhängigkeit der Lombardei gegen finanzielle Zugeständnisse und Handelsbegünstigungen unterhandeln sollte, doch der Chef der provisorischen Regierung in Mailand, Graf Casati, erklärte, eine Unter-

---

*) Am 28. Juli wurde an Stelle Thurn's Haynau zum Commandanten des dritten Armeecorps ernannt. Er ersuchte, dass ihm die Tafelgelder für den ganzen Monat Juli bezahlt werden, was Radetzky jedoch ablehnte. Latour knüpfte Bedenken an diese Ernennung, da der gereizte, leidenschaftliche Charakter dieses Generals bekannt war, und nahm er an, dass die glänzenden militärischen Eigenschaften Haynau's die Besorgniss, demselben den Einfluss auf das Schicksal so vieler unterstehender Individuen anzuvertrauen, bei dessen Ernennung aufgewogen haben.

handlung könnte nur auf Grundlage der Abtretung aller italienischen Provinzen mit Einschluss Süd-Tirols stattfinden, und darauf wollte man nicht in Innsbruck, wie Helfert: „Geschichte Oesterreichs", IV., 144 angibt, aber auch nicht in Wien eingehen, wie wir ergänzen wollen.

Da und dort kamen wohl kleine Misshelligkeiten zwischen Radetzky und Latour vor. So nahm es dieser jenem übel, dass Nachrichten vom Kriegsschauplatze in Form officieller Berichte, dann Proclamationen und Armeebefehle in öffentlichen Blättern erschienen, ohne dass dem Kriegsministerium von denselben Nachricht gegeben wurde. Radetzky wurde daher am 10. Juli dringend ersucht, keine Veröffentlichung ohne gleichzeitige Mittheilung an das Kriegsministerium zu veranlassen. In gleicher Weise brachte Latour am 5. August dem Obercommando den Erlass vom 9. Juni in Erinnerung, nach welchem täglich Bericht erstattet werden solle. Sonst aber förderte Latour, wie wir bereits hervorgehoben, wo er es konnte, die Bestrebungen Radetzky's. Als Radetzky zu einem Schlage ausholte, schrieb ihm Latour am 13. Juli, nicht auf amtlichem Wege, sondern eigenhändig: „Die Concentrirung der disponiblen Truppen lässt erwarten, dass ohne die Verstärkungen abzuwarten, ein entscheidender Schlag geführt werden soll. Das Vertrauen und die Wünsche des Vaterlandes werden Euere Excellenz und Ihr braves Heer begleiten; mögen die Umstände noch so drohend werden, besonders wenn Frankreich sich gegen uns erklären sollte. Durch einen Sieg über Carl Albert wird die Ehre unserer Fahnen gerettet sein."

Nachdem Radetzky das Heer Carl Albert's am 25. Juli bei Custozza vollständig geschlagen hatte (die Nachricht kam nach Wien von Cilli aus per Telegramm), schrieb ihm Latour am 29. Juli: „Ich erneuere meinen Glückwunsch über diesen nunmehr vollständigen Sieg, den ich sogleich im versammelten Reichstag verkündet habe, welcher diese freudige Nachricht mit stürmischem Jubelruf, das von mir angestimmte „Lebe hoch!" auf die tapfere Armee und ihren hochgeehrten greisen Feldherrn mit Begeisterung entgegengenommen hat."

Am 6. August hielt Radetzky seinen Einzug in Mailand und am 12. August wurde ein sechswöchentlicher Waffenstillstand geschlossen.

4. Ein Blick auf Ungarn.

Windischgrätz hatte zwei Aufgaben zu lösen: Wien zu bezwingen und Ungarn für Oesterreich wieder zu gewinnen. Was nun Wien betrifft, so wird man zugeben, dass die Aufgabe nicht übermässig war. Wien war für Oesterreich nie das, was Paris für Frankreich war und noch ist, Wien ist überdies eine offene Stadt und zu all' dem kam, dass in Wien eine Schaar militärisch ungeschulter Studenten und Arbeiter etc. waren, während Windischgrätz eine geschulte Truppe hatte. So mächtig daher auch die Pauke des Ruhmes für den neuen Feldmarschall Fürsten Windischgrätz geschlagen wurde ob der Heldenthat, die er vollbracht, so täuschte sich doch Niemand darüber, dass mit der Eroberung Wiens nur die nächste und dringendste Gefahr beseitigt war. Sonst aber schien die politische Lage der Monarchie von Tag zu Tag schwieriger zu werden, und die Hauptfrage war — Ungarn.

Nachdem das österr. Cernirungscorps bei Mestre am 27. October durchbrochen war, ersuchte Windischgrätz, 6. November, Radetzky, dieser möge Hilfstruppen nach Triest senden, da zu befürchten sei, dass die Venetianer, aufgemuntert durch den errungenen Erfolg in Istrien, landen werden. Doch Radetzky erklärte, er sei beim besten Willen nicht in der Lage, diesem Wunsche nachzukommen, ohne seine Armee empfindlich zu schwächen und sich dadurch bei der Behauptung des ihm anvertrauten Landes grosser Verantwortung auszusetzen; er bedürfe vielmehr selbst einer Verstärkung der Truppen.

Radetzky glaubte überdies nicht, dass die Venetianer einen Ausfall mit 8- bis 10.000 Mann, wie Fürst Windischgrätz angenommen hatte, machen werden, da ihre gesammte Macht nicht mehr als 10.000 Mann betrug. Sie konnten daher nicht einmal die Hälfte detachiren, ohne dabei Venedig der Gefahr auszusetzen, mittlerweile genommen zu werden; abgesehen davon, dass sie durch den Angriff eines zum deutschen Bunde gehörigen Landes ihrer eigenen Sache den grössten Nachtheil zufügen würden.

Radetzky erklärte keine Truppen abgeben zu können und dieselbe Erklärung gab auch Windischgrätz in Betreff der Armee, die ihm zur Verfügung stand, ab. Gyulai in Triest und Nugent in Steiermark hatten nämlich den Vorschlag gemacht, ein Reservecorps in Friaul aufzustellen, zu welchem Zwecke Windischgrätz Truppen abgeben sollte. Doch dieser wies dieses Begehren auf das Entschiedenste, 16. November, zurück. Er erwartete vielmehr in letzter Instanz, falls nämlich die Ereignisse nicht zu seinem Vortheile entscheiden sollten, Unterstützung von Seite Radetzky's. Er motivirte ferner diese Ablehnung folgendermassen:

„Ich habe eine ganz insurgirte und in hohem Grade fanatisirte Provinz vor mir, deren Kräfte sich mit jedem Tage mehren, ausserdem muss ich in Wien eine nicht unbedeutende Garnison zurücklassen, um zu verbüten, dass nach meinem Abgehen von hier die Umstände nicht abermals jene verderbliche Wendung nehmen, der ich eben ein Ziel gesetzt zu haben glaube.

Die Dringlichkeit der Verhältnisse zwingt mich, einen Winterfeldzug zu machen, mit Truppen, die derlei Fatiguen nicht gewohnt sind, in einem Lande, dessen unprakticableCommunicationsmittel selbst in der besten Jahreszeit dem Fortkommen Hindernisse setzen, und gegen einen Feind, der Alles gegen uns in Bewegung setzt und der in unserer eigenen Haupt- und Residenzstadt in seiner — der niedrigsten — Art so bedeutende Sympathien für seine Sache zu erregen wusste.

All' diese Umstände zusammengenommen und die hohe Wichtigkeit meines Zieles, das nichts minderes in sich fasst als den Bestand der Monarchie, haben mir die sorgfältigste Zusammenstellung und Ausrüstung einer Armee zur Pflicht gemacht, mit der ich noch kaum zu Stande gekommen bin.

Die Gerechtigkeit der Sache, die zu verfechten ich mir als Aufgabe gestellt, gibt mir Vertrauen und Muth für den Ausgang derselben, ich kann aber meine Wirksamkeit durchaus nicht über die hier bezeichneten Grenzen ausdehnen . . .“

Radetzky, sowie alle, die die österreichische Monarchie erhalten wissen wollten, waren von der vollen Wichtigkeit der Aufgabe, die Windischgrätz übernommen hatte, sowie von der Wahrheit dessen, dass in Ungarn die entscheidenden Resultate stattfinden müssen, die auch auf Radetzky's Lage eine günstige Rückwirkung üben werden, überzeugt. Er hätte daher gerne 50.000 Mann dem Fürsten zur Disposition gestellt, aber ohne Gefahr konnte er nicht Einen Mann abgeben.

Windischgrätz brach dann denn doch nach Ungarn auf und trotzdem er wohl wusste, wie emsig Welden seines Amtes in Wien waltete und dessen Eifer, in Allem den Befehlen Windischgrätz' nachzukommen, „keiner Steigerung fähig war", so war der Fürst doch stets um Wien besorgt. Welden suchte ihn zu beruhigen, und seine eigenen Leistungen in den Schatten stellend, erklärte er, 19. December, dass die Siege Windischgrätz' in Ungarn (dieser hatte damals Pressburg und Raab besetzt) mehr für die Ruhe Wiens bürgen als seine (Welden's) Bajonette und Pallisaden. Es war das ein Compliment für Windischgrätz, zugleich aber entsprach es den Verhältnissen.*) Welden stellte auch dem Fürsten einen Theil seiner Truppen zur Verfügung; da dieser jedoch zögerte, dieselben zu übernehmen, weil er fürchtete, dass Welden in Verlegenheit kommen könnte, schrieb Welden, 29. December, er sei in der Lage, diese Truppen zu entbehren, da die siegreichen Erfolge der Armee die besten Bürgen für die Ruhe Wiens sind. Zur weiteren Beruhigung des Fürsten fügte er hinzu, er sei vollkommen auf seiner Hut, so dass er trotz aller Drohungen von Seite der Revolutionspartei in keine Verlegenheit zu kommen gedenke. Allerdings sah sich Welden wenige Wochen hernach, 25. Jänner, veranlasst, sein Anerbieten zurückzunehmen; er fand nämlich die Stimmung in Wien nicht derart, den Stand der Garnison zu vermindern: denn abgesehen von Aeusserungen Schlechtgesinnter kamen wiederholt mörderische Anfälle auf Soldaten vor. Welden gab sich übrigens keiner Täuschung hin und glaubte nicht, dass mit der Eroberung Ungarns Alles gethan sei; er wusste, dass die Verlegenheiten erst recht hervortreten werden, wenn man das Land wird organisiren wollen.**)

Die künftige Organisation Ungarns beschäftigte auch die

---

*) Kossuth und dessen Bruder besassen in der Gegend von Pinkafeld bei Kanisza ein Gut. Welden in der Hoffnung, dass Ungarn bald besiegt sein werde, meinte, dass Kossuth diese Seite, die am schwächsten besetzt war, zum Entkommen benützen werde, und er machte, 20. December, bei den Truppen bekannt, dass jener, der diesen Verräther einbringt, eine Belohnung von 100 Ducaten erhält.

**) Zu jener Zeit wurden bei Güns 50 Grenzer ermordet. Es sollte daher dem ganzen Comitate eine Contribution von fl. 100.000 auferlegt werden; im Falle jedoch die Thäter ausgeliefert werden, blos fl. 50.000.

Officiere und höheren Generale im Heere Windischgrätz' und sie hielten diesbezüglich öfters einen Meinungsaustausch, so dass sich Windischgrätz veranlasst sah, mittelst Erlasses, Raab 30. December. darauf aufmerksam zu machen, dass dieses Vorgehen nicht mit den politischen Grundsätzen, weder mit dem in dieser Beziehung erlassenen kaiserlichen Manifeste, noch mit der von ihm erlassenen Proclamation im Einklange stehe. Er trug daher sämmtlichen Corpscommandanten auf, ihre unterstehenden Generale und Stabsofficiere dahin zu instruiren, dass die politische Polemik überhaupt nicht in das dem Soldaten angewiesene Feld gehöre, dass in den jetzigen Verhältnissen Aeusserungen über die künftige Gestaltung Ungarns, besonders wenn sie von höher gestellten Militärs gemacht werden, begierig aufgegriffen, verschiedenartig ausgelegt und ausgebreitet werden und daher nur dazu beitragen können, das ohnehin so schwierige Werk der Wiederherstellung des Friedens und der Gesetzlichkeit in diesem durch allerlei politische Irrlehren aufgewühlten Lande nur noch mehr zu erschweren.

Am 5. Jänner 1849 rückte Windischgrätz in Pest ein, aber die Situation war keine erquickliche. Die breiten Volksmassen standen mit ihren Sympathien auf Seite der „Rebellen". Unter der evangelischen Bevölkerung war ein schlechter Geist, und wurden mehrere protestantische Prediger verhaftet. Bezüglich der Israeliten wieder erklärte Fürst Windischgrätz in einer Proclamation vom 11. Februar, er habe die Gewissheit, dass sich Israeliten zu Spionen und Lieferanten von Rebellen gebrauchen lassen, sie verbreiten falsche Nachrichten über die kaiserliche Armee etc. Er verfügte daher, dass wenn ein Israelite sich eines derartigen Vergehens schuldig macht, die Gemeinde, zu der er gehört, fl. 20.000 Strafe zu zahlen habe.

Sehr unerfreulich war auch die Meldung des Generalmajors Götz, anfangs Jänner, dass der Slavenführer Hurban im oberen Waagthal nur zwei Familien für die gute Sache gewonnen habe, die sonstigen Einwohner, und namentlich der höhere Adel aber wollten auf ihn nicht hören.

Aber auch die Dinge auf dem Kriegsschauplatze selbst nahmen eine schiefe Wendung. Am 7. Februar 1849 wurde die in Eperies gestandene Division des ersten Cavallerieregimentes von den Insurgenten überfallen, abgeschnitten und gefangen genommen.

Selbstverständlich machte diese Nachricht, als sie in Wien bekannt wurde, „wo man alles Ueble mit Begierde" aufgriff, die schlimmste Sensation.

Durch die gänzliche Ungelenkigkeit zweier Generäle (und Fürst Windischgrätz war recht unglücklich in Betreff der Generäle, die ihn umgaben) und durch das zu frühe Zurückweichen der Division des Feldmarschall-Lieutenants Csorich von Schemnitz nach Pest, Mitte Februar, geschah es, dass das Corps Görgey's in Schemnitz nicht aufgerieben wurde, sondern vielmehr Zeit gewann, über Leutschau gegen Eperies zu ziehen und sich dann bei Tisza-Füred mit Dembinsky und Klapka zu vereinigen.

Derartige Hiobsposten erfuhr der Civil- und Militärgouverneur von Wien nicht direct aus dem Hauptquartiere des Fürsten Windischgrätz, sondern auf Umwegen von mit ihm befreundeten Generälen. Aus dem Hauptquartiere selbst traf lange keine Nachricht ein. Welden bat daher Ende Februar wiederholt den Fürsten, ihm rasch Nachrichten vom Kriegsschauplatze zukommen zu lassen, um falschen Nachrichten ungesäumt begegnen zu können. Es sei eine wahrheitsgetreue und schnelle Veröffentlichung der Kriegsereignisse unter den gegebenen Verhältnissen um so dringender, da Privatnachrichten ob wahr, ob falsch in 24 Stunden von Pest nach Wien gelangen und von den Uebelwollenden zur Aufregung der Menge benützt werden.

Welden legte Werth auf wahrheitsgetreue Berichte. Nachdem jedoch seine Wünsche um rasche Nachrichten vom Kriegsschauplatze nicht berücksichtigt wurden, so liess er sich bestimmen, um den theils durch Privatbriefe, theils durch falsche Zeitungsnachrichten verbreiteten Gerüchten zu begegnen. — Armeebulletins zu componiren.

Man weiss heute, wie sehr sich Windischgrätz in seinem ersten Siegestaumel über den Erfolg der „Schlacht" bei Kapolna (am 26. und 27. Februar) getäuscht hatte. Nichtsdestoweniger glauben wir doch aus dem Berichte eines Generalstäblers vom 4. März Folgendes citiren zu sollen:

„..... ebenso schmerzlich muss man die Erinnerung beklagen, dass dieser Sieg unserer Waffen so ganz und gar unbenützt geblieben. Bei einer halbwegs kräftigen Verfolgung hätte der Feind vernichtet werden können, sollen und müssen. Es geschah

das Gegentheil, und statt dass wir ihm sein halbes Geschütz
hätten abnehmen können, verloren wir Tags zuvor drei Kanonen.
Nie mehr wird sich eine so günstige Gelegenheit darbieten, den
Feind zu vernichten. Es wurde eine zweite, aber noch weit
grössere Sünde begangen als jene vor Schwechat.

Aber wo alle auf strategisch unwandelbaren Gesetzen basirten
Operationspläne fehlen, wo jeder taktische Verband vernachlässigt
wird ; wenn jede unerlässliche Vorsorge für die Truppe unbeachtet
bleibt, wenn weder ein glänzender Muth, noch feste Entschlossenheit,
weder Geisteskraft, noch Energie, die Tapferkeit der Truppen,
wo — mit einem Worte gesagt — so ganz der Mangel an
höherem Talent für die höheren Combinationen der grossen Kriegs-
führung offen zu Tage liegen, da muss einem bange werden."

Es sollte aber noch ärger kommen. Derselbe Gewährsmann
schrieb, Pest 12. März:

„In unserem Feldzuge geschieht das Unglaubliche. Am
10. März gegen 3 Uhr langte die Meldung an, dass der Feind,
nachdem derselbe unseren Brückenkopf auf dem linken Flussufer
zerstört, Szolnok wieder verlassen und auf das linke Ufer sich
zurückgezogen habe. Der Feind ist somit nicht nur von Pervizlo,
sondern auch von Szolnok sozusagen verschwunden und wissen
wir nicht, wohin er sich gewendet.

Allerdings ist es wahr, fügte er bei, dass es beinahe absolut
unmöglich ist, verlässliche Kundschafter selbst um theures Geld
aufzutreiben, allein wäre man auf irgend einer Seite dem Feinde
auf der Ferse gefolgt, so stünde es anders und sicher besser".

In Betreff des Kundschafterwesens war es überhaupt schlecht
bestellt und hatte man selten Kenntniss von der Stärke und
Stellung des Feindes etc., wie unser Gewährsmann annimmt;
leider durch die Schuld der eigenen Sünden.

Zu jener Zeit hielt Nugent Peterwardein mit 10.000 Mann
eingeschlossen. Man wollte capituliren, aber unter guten Bedingungen. Der Feldmarschall jedoch begehrte unbedingte Unter-
werfung und man besorgte, dass sich die Sache wie bei Komorn
in die Länge ziehen dürfte. In militärischen Kreisen sprach man
sich über diesen Vorgang des Fürsten abfällig aus. Man solle,
hiess es, stets vom hohen Pferde steigen, wenn man mit ein wenig
Nachgiebigkeit sofort ein entscheidendes Resultat haben kann. Zu

jener Zeit aber hatte Windischgrätz nach wie vor den Grundsatz, mit „Rebellen" nicht zu unterhandeln.

Aber nicht blos in der Armee Windischgrätz', sondern auch in jener des Banus kamen die unglaublichsten Dinge vor. Als Beispiel führen wir an: Mitte März ging der Feind (die Ungarn) mit ungefähr 12.000 Mann und 40 Geschützen bei Csibathhaza auf das rechte Theissufer und lagerte eine ganze Nacht zwischen diesem Uebergangspunkt und Nagy-Körös. Dies geschah im Angesichte der concentrirten, überlegenen und vollkommen disponiblen kaiserlichen Streitkräfte, und zwar auf die blosse Entfernung von wenigen Meilen. Wie solches ungestraft stattfinden konnte und die Gelegenheit versäumt wurde, dieses feindliche Corps zu vernichten, war auch dem Fürsten Windischgrätz ein Räthsel.

Es ist begreiflich, dass man unter diesen Verhältnissen auch in den höchsten Kreisen an dem Feldherrntalente des Fürsten Windischgrätz zu zweifeln anfing und begannen zahlreiche Gerüchte über grosse Veränderungen im ungarischen Hauptquartiere zu circuliren. An den Feldmarschall selbst wagte man sich jedoch vorläufig nicht heran. Welden wurde beordert nach Ungarn zu gehen und fing man an die Frage zu ventiliren, ob nicht fremde Hilfe nöthig sein dürfte.

Welden legte hierauf am 30. März von Pressburg aus, wohin er sich an diesem Tage begeben hatte, dem Kriegsministerium seine Ansichten über die Möglichkeit eines Feldzuges in Ungarn vor, die zugleich die schärfste Kritik über die Art und Weise, wie bis dahin der Krieg geführt wurde, enthielten. Er sagte nämlich, es sei nothwendig, dass ein Plan entworfen und befolgt werde. Was bis jetzt geschah, waren Versuche, ein Hin- und Hertasten, vielleicht deswegen, weil der Feind bisher ebensowenig geordnet erschien. Dieser scheint jedoch indess seine Operationen in einen Zusammenhang gebracht zu haben, und wir, meinte Welden, müssen ihm ebenso entgegentreten. Welche Fehler immerhin aber auch geschehen sein mögen, der Muth, die Entschlossenheit und die Manövrirfähigkeit unserer Truppen können uns Bürgen sein, dass wir die Sache zu einem glücklichen Ende bringen werden, ohne fremde Hilfe zu bedürfen. Aber, wiederholte Welden, wir dürfen nicht stehen bleiben, wir müssen manövriren und raufen.

Wir entfernen uns nicht von der Wahrheit und übertreiben nicht, indem wir berichten, dass zu jener Zeit der bitteren Noth, da Oesterreich aus tausend Wunden blutete, und fast zu verbluten drohte, die Militärbehörde zu Güns Zeit und Musse fand, am 27. März dem Civil- und Militärgouverneur nach Wien zu melden, ein protestantischer Prediger zu Basel habe an seine Frau, die sich in Güns befand, geschrieben. In dem Briefe befand sich eine Einlage an einen Freund, in welchem er diesem mittheilte, er sende einige Bibeln mit Apokryphen, welche nach Villach und Sanct Ruprecht geschickt werden sollen. Die Militärbehörde zu Güns fragte daher an, ob dies geschehen dürfe, und Freiherr v. Welden entschied, 29. März, dass diese Bibeln mit Apokryphen vorläufig in Verwahrung zu behalten seien. — Nun war es allerdings noch unter der Kaiserin Maria Theresia nicht gestattet, Bibeln einzuführen. Wie bekannt, befürchtete man, dass die Bibellecture zum Abfalle vom Katholicismus führen könnte. Kaiser Josef II. hob jedoch dieses Verbot auf und verlangte, dass Cardinal Migazzi dieses den Gläubigen mittheilte. Als jedoch der Cardinal Migazzi diese Kundmachung unterliess, befahl der Kaiser, 19. Mai 1782 (vergl. unser: Oesterreich und Preussen 1780—1790, S. 33), es sei dies zu ahnden, und falls der Cardinal nicht im Laufe von drei Tagen die diesbezügliche Kundmachung erlasse, so sei gegen ihn mit der Sperrung der Temporalien vorzugehen. Und nun begann man auf's Neue die Bibel als eine ketzerische Schrift zu betrachten. Oder sollte man nicht gewusst haben, was Apokryphen bedeuten?

Wir gedachten dieser Episode, weil sie nicht vereinzelt in der Geschichte Oesterreichs steht. Es kam wiederholt vor, dass zu Zeiten, da Oesterreichs Existenz geradezu bedroht war, man es nichtsdestoweniger nicht für unangemessen fand, sich um die kleinsten und unbedeutendsten Angelegenheiten zu kümmern, wie man etwa während einer Feuersbrunst an die wichtigsten Werthgegenstände vergisst und werthlose Nippsachen rettet. Doch kehren wir zu unserem Gegenstande zurück.

Welden war, wie wir wissen dafür, offensiv vorzugehen und wie er sich selbst ausdrückte: „Stehenbleiben ist jetzt der Tod und nur Bewegung bezeichnet das Leben." Die Zustände und Verhältnisse jedoch, die Welden in Ungarn traf, waren wenig erfreulicher Natur. Er fand eine gräuliche Unordnung in den verschiedenen

Colonnen, grosse Gleichgiltigkeit bei den Officieren um ihre Mannschaft und lange Züge mit Brod, Bagage und Fourage hinderten jede Manövrirfähigkeit. Das Marodiren hatte sich auf eine schreckliche Weise verbreitet, die Subordination war untergraben, so dass Welden erklärte, er werde sich bei dem so beschränkten Strafverfahren genöthigt sehen, zu den strengsten Massregeln zu greifen.*)

Welden beorderte hierauf jeden disponiblen Soldaten ausserhalb Ungarns dahin, und noch war eine Verstärkung der Armee um etwa 8—10 Bataillone und 15—20 Escadronen ohne Zeitverlust über Raab zur Armee nach Ungarn in Marsch zu setzen höchst wünschenswerth; aber das war geradezu unmöglich. In Wien waren damals kaum 8000 Mann, die auch nur dann zur Erhaltung der Ordnung genügten, wenn es in Ungarn besser ging. In Prag war die Garnison in gleicher Stärke; im Lande Böhmen und in den Festungen beinahe keine Truppen. In Olmütz hatte der Kaiser die einzige Brigade, welche daselbst war, hergegeben und was „noch Füsse hatte" marschirte aus Galizien nach Ungarn.

Was die Generäle betrifft, so hoffte Welden bei seiner Ankunft im Hauptquartiere, dasselbe etwas gelichtet zu finden, so dass die unfähigen entfernt sein werden. Einige gute Generäle waren nöthig, aber woher sie nehmen. „Wir haben uns nie mit ihrer Erziehung und Bildung abgegeben," ruft Welden aus.

Am 17. April traf Welden in Gran ein und übernahm das Armee-Obercommando. Er säumte nicht, den nachtheiligen Bestand, den er getroffen hatte, über welchen man in Ofen seit dem 10. April nicht in's Klare kommen konnte, zu schildern.

Der Feind war indess nach vorausgegangenen Demonstrationen vor Pest mit dem grössten Theile seiner Streitkräfte auf dem

---

*) Nachdem Welden das Commando übernommen hatte, wurde, 12. April 1849, Generalmajor Zitta vom Geniecorps mit der Leitung der Belagerung von Komorn, vorzüglich in technischer Hinsicht, betraut. Seit Mitte März, da Komorn enger blockirt wurde, bis dahin, im Laufe von vier Wochen, wurden durch die grosse Entfernung der kaiserlichen Batterien vom Platze, gegen 4000 Wurfgeschosse nutzlos verschleudert. — Der Commandant von Komorn, Generalmajor Maytheni, wurde vom Feldmarschall-Lieutenant Ramberg anfangs Jänner, zum zweiten Male aufgefordert, zu capituliren, und die Antwort vom 6. Jänner 1849 lautete: „Auf die wiederholte Aufforderung von Seite Euer Hochwohlgeboren kann ich nur dieselbe Antwort geben, dass ich sammt meiner Garnison entschlossen bin, diese Festung bis zu Ende meines Lebens (zu) vertheidigen."

grossen Umwege über Ipoly-Sagh gegen Leva aufgebrochen, um von dort zum Entsatze von Komorn heranzurücken. Nun boten die Bewegungen des Feindes unter Görgey durch die grossen Umwege Vortheile für die Oesterreicher, aber Welden befürchtete, dass Görgey, durch günstige Erfolge, das gegen ihn unter Feldmarschall-Lieutenant Wohlgemuth operirende Corps umgehen, seinen Rückzug in das Wagthal und gegen die Bergstädte nehmen und sich dadurch, was nicht zu verhindern war, der österreichisch-mährischen Grenze nähern werde, was daselbst Besorgniss und Aufregungen hervorrufen dürfte.

Um aus dieser Situation herauszukommen, ertheilte Welden am 18. April dem Banus Jellacić den bestimmten Befehl, von Pest aus sogleich nach allen Seiten den Feind anzugreifen. Erstens um ihn (Welden) dadurch zu degagiren, und um endlich bestimmt und durch die That zu wissen, wo der Feind stehe und in welcher Stärke, welches „wir bisher nur vom Hörensagen wissen". „Ich werde, solange ich noch einen Mann und eine Patrone habe, den Feind an der Gran bestreiten, dann erst kann ich gegen Waitzen Demonstrationen machen; — unsere brave Armee muss aus dem Sack heraus, in den sie sich hat einsperren lassen."

Einige Tage hernach legte Windischgrätz seinen Feldherrnstab nieder. Von Olmütz aus zeigte er in einem Armeebefehl seine Abberufung vom Ober-Commando in Ungarn an. In demselben hiess es: „Diese Armee hat für die Welt grosse Verdienste, sie hat zur Aufrechthaltung der socialen Ordnung, zur Herstellung eines gesetzlichen Zustandes unter meiner Leitung so Vieles geleistet, dass diese Thaten allein hinlänglich sind, ihr ein unverlöschliches Verdienst in der Geschichte zu bewahren."

Man wird zugeben, an einem Uebermass von Bescheidenheit litt dieser Armeebefehl nicht. So sprach ein Mann, dem entschieden die Fähigkeit zum Feldherrn abging.

Aber auch Welden musste bald das begonnene Werk aufgeben. Den „Schurken", wie er die Ungarn nannte, war er nicht gewachsen. Ende Mai trat er zurück und begab sich zur Erholung seiner „ganz zerstörten" Gesundheit nach Graz.

Sein Nachfolger war Haynau, das Rasirmesser, das nach gemachtem Gebrauche wohl im Futterale aufbewahrt werden muss, wie Radetzky sagte.

Kaum war Haynau in Ungarn angekommen, hatte er einen Streit mit dem alten Haudegen Feldzeugmeister Nugent, dem Windischgrätz ausnahmsweise ein selbstständiges Commando anvertraut hatte. Dieser hatte als commandirender General in Illyrien und Innerösterreich mit dem Standorte zu Pettau die Aufgabe, die steierische und croatische Grenze freizumachen. Haynau verlangte nun, 21. Juni, von Nugent, so schleunig als möglich und mit Benützung der Eisenbahn die halbe Cavallerie-Batterie Nr. 2 nach Pressburg zu senden, wo sich Haynau zur Zeit befand und setzte voraus, dass er nicht genöthigt sein werde, sich wegen dieses Gegenstandes an den Kaiser zu wenden. Nugent empfing mit grossem Befremden diesen Auftrag, da er diese Batterie selbst in Slavonien errichtete und Welden sie ihm vollkommen überlassen hatte. Er überliess es dem „Gefühle" Haynau's für den allerhöchsten Dienst, ob es nicht billig wäre, das Versprechen seines Vorgängers zu erfüllen. Er fügte bei, dass er eine ganze Batterie nach Vorarlberg geschickt habe und erlaubte sich, ihm das Vorgehen seines ehemaligen Inhabers als Beispiel zu empfehlen, denn das Begehren sei zu stark. — Doch Nugent musste sich fügen.

Indessen war auch Haynau allein, wie man weiss, nicht stark genug, der kaiserlichen Sache zum Siege zu verhelfen. Es musste fremde Hilfe in Anspruch genommen werden und nach der Waffenstreckung Görgey's bei Vilagos meldete Paskiewitsch dem Czaren: „Ungarn liegt Euerer Majestät zu Füssen."

5. Die italienische Frage.

Radetzky hatte ein grosses ruhmreiches Werk gethan: er vollbrachte, was Niemand zu hoffen gewagt hatte, aber wie die Verhältnisse lagen, fürchtete man in Regierungskreisen, und dies charakterisirt die damalige Lage — die Consequenzen dieser Siege, respective die weitere Ausbeutung derselben, die geeignet waren, Oesterreich auf's Neue Verlegenheiten zu bereiten.

So hatte Welden, ohne militärische Gewaltmassregeln gegen die Bewohner anzuwenden, in Folge eines friedlichen Uebereinkommens Ferrara und Bologna besetzt und wurden die Crociati am rechten Po-Ufer auseinandergesprengt, was sehr nützlich war. Doch Latour sah sich veranlasst, sofort als er diese Nachricht erhielt, auf seinen Erlass vom 9. August hinzuweisen, dass aus politischen Gründen die Verfolgung unserer Vortheile bis in das Innere der römischen Legationen als durchaus unzulässig erscheinen, und sollten daher Bologna und die Legationen ungesäumt geräumt werden. Wie wir sofort hinzufügen wollen, war diese Weisung inzwischen überflüssig geworden. Das friedliche Uebereinkommen der Bologneser war nur ein momentan erzwungenes. Der Unter-Commandant der österreichischen Truppen, Baron Perglas, musste schon am 9. Bologna räumen, da in der Stadt eine Revolte entstand.*)

Heikliger war die Angelegenheit in Betreff Modena's. Am 28. Juli nach der Schlacht von Custozza fragte der Herzog von Modena bei Radetzky an, ob es ihm unter dem Schutze der österreichischen Truppen gestattet wäre, in seine Staaten zurückzukehren. Es fiel Radetzky schwer, dem rechtmässigen Herrn des Landes eine abschlägige Antwort zu geben, und er liess ihm daher bedeuten, dies könnte nur dann der Fall sein, wenn die österreichischen Truppen, wie der Herzog selbst, eines guten Empfanges sicher wären. Acht Tage zögerte hierauf Radetzky, dann musste er sich den Uebergang über den Po erzwingen. Die österreichischen Truppen wurden von da bis Mirandola und Modena mit Jubel aufgenommen und der Herzog glaubte eine Gutheissung von Seite Radetzky's nicht mehr abwarten zu müssen und begab sich am 7. August in seinen Staat.

Als man in Wien erfuhr, der Herzog von Modena sei wieder in sein Land zurückgekehrt, und zwar, wie es hiess, wurde derselbe durch ein detachirtes Commando der Armee Radetzky's wieder eingesetzt, wurde die öffentliche Meinung aufgeregt, selbst der besonnene Theil der Presse tadelte dieses Vorgehen und überdies erfolgte im Reichstage eine Interpellation. Latour begriff wohl die Nothwendigkeit der gemachten Diversion am rechten Po-Ufer vom militärischen Standpunkte aus, aber er bat, 8. August, den Feldmarschall auf das Dringendste, sich von jeder politischen Tendenz fern zu halten und lediglich nur die strategischen Combinationen zu verfolgen.

*) Vergl. damit die Darstellung Helfert's: „Geschichte Oesterreichs" III, Seite 246.

Radetzky gab hierauf, 12. August, eine Darstellung der Sachlage, wie wir sie oben skizzirt haben, hinzufügend, dass er ohne ausdrücklichen, früher erhaltenen höheren Befehl nicht gegen einen anerkannten Prinzen des kaiserlichen Hauses handeln konnte, und an die herumschwirrenden Gerüchte, dass man Oesterreich Modena oder gar Piemont als Compensation geben wolle, könne er nicht glauben.

Intensiver war die Meinungsverschiedenheit zwischen Radetzky und Latour, respective dem Ministerium, in folgender Angelegenheit. Nach der Schlacht bei Custozza erliess Radetzky eine Proclamation, in welcher er auf seinen bevorstehenden Einzug in Mailand hinwies. In derselben gedachte er jedoch nicht der Freiheiten, die der Kaiser seinen Völkern durch die Verleihung der Verfassung gewährt hatte. Das Ministerium wünschte, 3. August, dass Radetzky, wenn sich eine Gelegenheit dazu bietet, dieses Momentes gedenke. Das Ministerium glaubte nämlich, dass der Freiheitsgedanke die österreichische Herrschaft den Italienern sympathischer machen werde.

Das Ministerium machte bei dieser Gelegenheit ferner den Feldmarschall darauf aufmerksam, keinesfalls den Ticino zu überschreiten, um jeden Conflict mit Frankreich zu vermeiden. Es habe deshalb schon jetzt einen Gesandten nach Paris geschickt, um die dortige Regierung unter Darlegung der friedlichen Grundsätze der österreichischen Regierung in Bezug auf Italien von einem Ausspruche abzuhalten, welcher dem Könige von Piemont oder eine andere italienische Regierung irgend einen Anspruch auf eine französische Intervention im lombardisch-venetianischen Königreiche gestatten könnte.*) Jede Ueberschreitung der Grenzen des sardinischen Gebietes müsse daher, um keine Conflagration herbeizuführen, vermieden werden.

Schliesslich theilte Latour den Wunsch des Ministerrathes mit, falls es zu Friedensverhandlungen kommen sollte, den Fürsten Felix Schwarzenberg mit denselben zu betrauen, hingegen sei Graf Montecuccoli zur Leitung der administrativen Landesverwaltung in Aussicht genommen, der jedoch auf die Pacifications-

*) Am 6. August berichtete Latour, der Minister des Aeussern in Frankreich, Bastide, habe dem österreichischen Geschäftsträger von Thom erklärt, die Republik beabsichtige keine Intervention in den italienischen Angelegenheiten.

verhandlungen in Bezug auf die auswärtigen Mächte keinen Einfluss zu nehmen hätte.

Radetzky erklärte, 8. August, mit den Ansichten des Ministeriums in den zuletzt angeführten zwei Punkten einverstanden zu sein, es sei auch nie seine Absicht gewesen, die Grenzen der Klugheit zu überschreiten und in das sardinische Gebiet einzufallen. Ebenso wünschte er, dass Fürst Schwarzenberg die Friedensunterhandlungen leite und wurde derselbe zunächst zum Militärgouverneur von Mailand ernannt.

Auf's Entschiedenste verwahrte er sich jedoch dagegen, von den gewährten Freiheiten des Kaisers zu den Lombarden zu sprechen. Er sagte:

„Wenn ich in diesem Lande, das kaum noch erobert ist, und in welchem Städte wie Como, Bergamo und Brescia, die früher auf unsere Truppen geschossen haben, die gegenwärtig noch gar nicht besetzt sind und wo in letzterer Stadt, die ich mit meinen Truppen erst in einigen Tagen von hier erreichen kann, ein fremder General noch Aufruhr und Widerstand predigt; wenn, sage ich, in einem solchen Lande, wo die Hauptstadt erst vor zwei Tagen durch die Gewalt der Waffen bezwungen werden musste und der ganze Grimm des fehlgeschlagenen Widerstandes in einer so rachsüchtigen Nation, bei einem grossen Theile seiner Einwohner noch in vollstem Masse besteht, endlich der mit ihnen alliirte Feind kaum zwei Stunden von derselben entfernt an der Grenze ist, wenn ich in solchen Umständen, in einer für mich so kritischen Lage jetzt schon von versöhnenden Massregeln sprechen soll, jetzt! — wo die ganze Strenge der Gesetze noch lange kaum im Stande sein wird, diese aufrührerischen Städte in einem gezwungenen Gehorsam zu erhalten, so müsste jeder Führer der Armee, so müsste der Feldmarschall Radetzky seinen Degen niederlegen. . . . Jene, welche aus irrigen philanthropischen Ansichten, die für dieses Land nicht passen, die Regierung desselben anders zu leiten glauben, werden dem Kaiser noch schneller das Land verlieren, als ich es erobert habe.

Es zeigt von Unkenntniss des italienischen Charakters, der gedemüthigt werden muss, und nur der That, die ihm den Herrn zeigt, gehorcht, wenn man, kaum angekommen, da von Versöhnungsmassregeln sprechen soll, wo lange Zeit hindurch von gar keiner Versöhnung die Rede sein kann. ...

Sollten diese aufgeregten Geister sich in etwas beruhigen, sollte es einmal im Lande besser werden, so werde ich mit Freuden der Erste hievon in Kenntniss setzen, und es dem Ministerrathe anzeigen, und ich habe schon den Weg zur künftigen Zufriedenheit besonders im Volke dadurch angebahnt, dass ich sogleich die Kopfsteuer aufhob, die Salzpreise auf die Hälfte herabsetzte, bedeutende Erleichterung beim Stempel-, Tax- und Zollwesen einführte; von Pressfreiheit, Vereinswesen etc. kann aber jetzt nicht die Rede sein, sonst ist eine Wiederempörung der Städte zu gewärtigen, und in weniger als einen Monat ist die Armee wieder an der Etsch oder in Tirol."

Für Latour wie für das Ministerium waren jedoch die von Radetzky vorgebrachten Motive nicht überzeugend. Am 8. August ersuchte daher Latour neuerdings den Feldmarschall, bei der nächsten an die Lombarden zu erlassenden Proclamation auch ihnen die Verleihung jener constitutionellen Rechte in Aussicht zu stellen, die der Kaiser allen Provinzen des Kaiserstaates bewilligt hat und die denselben nicht vorenthalten werden sollen, sobald solche in Folge eines Friedensschlusses wieder unter österreichisches Scepter zurückgeführt sein werden. Latour befürchtete, falls der Feldmarschall diesen Wunsch nicht berücksichtigen sollte, werde die einheimische Presse sich des Gegenstandes bemächtigen und der Reichstag Einsprache erheben. Ueberdies besorgte er, dass Frankreich zu Gunsten der Lombarden sich verwenden könnte. Thatsächlich hatte auch bereits der Gesandtschaftssecretär der französischen Republik mit ihm, dem Kriegsminister, in Abwesenheit des Ministers der auswärtigen Angelegenheiten, hierüber Rücksprache gepflogen.

Doch Radetzky beharrte bei seiner Anschauung. Er schrieb, 12. August: „Will man hier zu Lande alles verderben, was das Schwert gut gemacht hat, so darf man nur vor der Zeit mit solchen Zugeständnissen herausrücken. Die Imagination der Italiener, selbst der besseren, wird sich derselben bemächtigen, und die kaum erlangte Ruhe des Landes ist von diesem Augenblicke an wieder verloren."

Wie wir sahen, hegte man in Wien den Gedanken, nachdem

die Einnahme Mailands in sicherer Aussicht war, die Lombardei wieder unter österreichisches Scepter zu bringen und glaubte, dass die gewährten Freiheiten die Lombarden mit Oesterreich aussöhnen werden. Es entsteht nun die Frage, wie dachte Radetzky über diese Angelegenheit, nachdem er wieder in Mailand eingerückt war. Wir sind in der Lage, diese Frage zu beantworten. Minister Wessenberg hatte ihm aus Frankfurt a. M., wo er sich damals befand, am 4. August geschrieben: „Alle Völker der Monarchie werden Euer Excellenz segnen, wenn es gelingen sollte, einen ehrenvollen und dauerhaften Frieden herbeizuführen, denn ein solcher thut ihnen und der Regierung Noth, deren Hilfsmittel täglich abnehmen und die ohne einen baldigen Frieden in Italien nur neuen unberechenbaren Complicationen entgegensicht." Hierauf antwortete Radetzky 11. August:

„. . . Allein schnell muss gehandelt werden, denn mir scheint sich der König (von Italien) mehr als sein Volk vor einer nun ganz nutzlosen französischen Intervention mit Recht zu fürchten, die die Republik mit sich bringen, ihm daher die Krone kosten würde. Benützen wir diesen Augenblick, so kann viel gewonnen werden.

Allein die Idee einer selbstständigen Lombardei muss als gänzlich unstatthaft aufgegeben werden. Das Land isolirt, wäre die Beute der Intriguanten des eigenen, sowie aller fremden Länder und würde bei jeder grösseren politischen Verwicklung die abwechselnde Beute des momentan Mächtigeren werden.

Nach meiner Ansicht müssten die Lombardei und Venedig gleich berechtigt werden, als Gesammtstaat ungefähr in jenes Verhältniss kommen, in welchem Ungarn vor seiner letzten Umwälzung mit Oesterreich war. Das Aeussere, die Finanzen und das Kriegsministerium würde von Wien aus, das Innere der Verwaltung aber mit einer Art Glanz von Selbstständigkeit und einem italienischen Ministerium hier in Mailand verwaltet werden."

Radetzky wollte rasch gehandelt wissen; das liess sich jedoch nicht bewerkstelligen und der Weg zu den Friedensverhandlungen war überhaupt ein sehr weiter. In politischen Kreisen theilte man jedoch nicht die Ansicht, als sei die Lombardei in Folge des Einzuges Radetzky's in Mailand dauernd für Oesterreich gewonnen, und es schwirrten allerlei Gerüchte in Betreff deren

Abtretung herum. Ganz unwirsch, das ganze constitutionelle System, den Reichstag und das verantwortliche Ministerium etc. verurtheilend, schrieb in dieser Beziehung Radetzky, 19. August 1848:

„Diese Gerüchte beginnen schon jetzt den perniciösesten Eindruck auf die Armee zu machen, und wäre es mir wohl ein Leichtes, dieses Gefühl zu unterdrücken, wenn noch wie in der früheren Zeit der Name und Wille des Kaisers jede Art von Transaction für seine Völker und Heere sanctionirte und heiligte. Seitdem aber dieser Nimbus verschwunden, seitdem man gewohnt ist, des Kaisers Wille durch jenen seiner Räthe, durch jenen seines Reichstages gebunden zu sehen, so glaubt sich Jeder berechtigt, auf die letzten beiden Potenzen in Rede und Schrift alle üblen Folgen, sowie Alles zuzuschreiben, was die Zukunft Entehrendes oder Nachtheiliges für den Staat mit sich bringen könnte.... Dies sind die Folgen der so lange geduldeten Pressfreiheit, der politischen Clubs, des Sicherheitsausschusses und der Studentenregierung, das sind die Folgen ihrer Verzweigungen, die tief in das Innere des Staatslebens eindringen.

Ein geistig geführtes Heer gehorcht zwar der Hand des gewohnten Führers in Schlachten, doch der edle Sinn, der das Leben einsetzt, kann auch nur das Edle, das seiner Würdige, ertragen, für welches allein er sein Blut verspritzt; dem ihm aufgedrungen Unedlen oder Schmählichen aber tödtlichen Hass zu schwören sich nicht hindern lässt."

In einem Schreiben vom 23. August kam Radetzky wiederholt darauf zurück, ja nicht dem Gedanken einer Abtretung Raum zu geben. Als alter erfahrener Soldat müsse er sagen, er wisse nicht, wie er die Armee aus Italien herausbringen könnte, besonders wenn man erführe, dass man sich vor leeren Schreckbildern der äusseren Politik gefürchtet habe. Für die Idee der Cedirung der Lombardei machte er nur die weibische Furcht Wessenberg's verantwortlich, und verlangte, dass nicht mehr die Rede davon sei.

In der That gab man nun auch in Wien den Gedanken der Abtretung der Lombardei auf, und handelte es sich nicht mehr um die Frage, ob das lombardisch-venetianische Königreich unter österreichischem Scepter verbleiben soll, sondern es fragte sich blos um die Form, unter welcher dies zu ermöglichen wäre.

ohne dem Staate die unerschwingliche Last der steten Erhaltung einer grossen Armee in jenem Lande aufzubürden.

Dass in der Lombardei, trotz der Wiedergewinnung Mailands, die Gemüther nicht beruhigt waren, braucht nicht gesagt zu werden *). Der *Circolo italiano*, an dessen Spitze Mazzini stand, that selbstverständlich das Seine, damit das Feuer in helle Flammen aufschlage. Wir wollen in dieser Beziehung nur einige Sätze aus einer Proclamation Mazzini's *(Circolo italiano)* an die Lombardo-Venetianer vom 30. September anführen:

„*Italiani già s'aviccina il momento solenno. Al'ora lo squillo di morte si diffonda da un campanille all'altro e suoni terribile in un ora stessa dall' Isonzo al Ticino, dal Ticino all' Isonzo.*

Italiani! un ora sola di furore, un ora — e l'Italia sarà libera."

(Italiener! schon nahet der feierliche Augenblick — dann wird das Grabgeläute von einem Thurme zum andern sich fortpflanzen und in derselben Stunde furchtbar ertönen vom Isonzo zum Ticino und vom Ticino zum Isonzo.

Italiener! eine einzige Stunde der Wuth, eine Stunde und Italien ist frei.)

Selbstverständlich wurde der greise Feldmarschall, nachdem die Schlacht bei Custozza geschlagen war, mit Auszeichnungen, Glückwünschen etc. von allen Seiten überhäuft.**)

Aus den Antworten auf Adressen etc. an Radetzky wollen wir jene an die Kärntner hervorheben. Er schrieb 1. October 1848:

---

*) Als im Hochsommer 1848 die Erhebung im Grossherzogthum Baden stattfand, gab das Kriegsministerium die Weisung, falls das deutsche Reichsministerium in Frankfurt direct militärische Anordnungen an die Abtheilungscommandanten der österreichischen Truppen erlassen würde, denselben keine Folge zu geben, sondern zuvor die Weisung des Kriegsministeriums einzuholen. Ende September sah sich jedoch Generalmajor Ulrichsthal in Bregenz veranlasst, der dringenden Aufforderung der baierischen Militärbehörde zu Constanz Folge zu leisten und Truppen zu senden, um den Schein der Unwillführigkeit zu meiden und dadurch eine ungünstige Stimmung hervorzurufen, und um dem Umsichgreifen des Aufstandes im badischen Innkreise Schranken zu setzen.

**) Der Herzog von Wellington pries, 17. August, Radetzky, der durch Weisheit und Mässigung alle Schwierigkeiten besiegte, hinzufügend: „*La confusion sociale et politique pourra en paralyser ou empecher pour le moment les effets. Mais la réputation du général et celle de la brave armée qui a si bien merité sa confience seront permanente.*"

„Italien hatte zu diesem ungerechten und treulosen Angriff, zu seinem wüthenden Rachegeschrei gegen den deutschen Namen keinen Grund. Ich übergehe Süditalien mit seinem Hass gegen uns mit Stillschweigen. Furcht vor unserer Stärke war die Quelle seines Hasses, eine andere Ursache konnte es nicht haben: aber das lombardisch-venetianische Königreich war unter unserer Regierung zu einer früher nie gekannten Blüthe und Reichthum emporgestiegen, wir achteten seine Nationalität — die wenigen Deutschen, die der Staatsdienst oder Handel und Industrie dorthin geführt, sprachen seine Sprache, ja mancher darunter vergass Italien zu lieb seinen eigenen deutschen Ursprung, und dennoch überfiel man uns, von königlichem Ehrgeiz und Priesterhass geleitet, mit unerhörter Treulosigkeit, warf Weiber und Kinder in Kerker, mordete unsere Krieger, verletzte das Privateigenthum gleich dem Strassenräuber. Aber Gott war mit der gerechten Sache, der Stolz des Priesters ist gedemüthigt, der Ehrgeiz eines feindlichen Königs mit Schmach zurückgewiesen und Oesterreich wieder in den Besitz eines Königreiches zurückgekehrt, über das die Fürsten seines Stammes seit 300 Jahren herrschen."

In dieser Antwort spricht Radetzky vom „Priesterhass" und dann vom „Stolz des Priesters". Wer hier gemeint ist, braucht wohl nicht näher gesagt zu werden. Wir glaubten dieses jedoch aus dem Grunde hervorheben zu sollen, weil bis auf den heutigen Tag von gewisser Seite bestritten wird, dass Pius IX. in der ersten Zeit seines Pontificates gemeinsame Sache mit den Feinden Oesterreichs machte. Falls es noch eines Beweises bedurfte, so denken wir ihn durch die citirten Worte Radetzky's geführt zu haben. *)

---

*) Helfert (Geschichte Oesterreichs, IV, S. 163) schreibt: „Pius IX. hatte sich seit seiner Thronbesteigung als ausgesprochener Italiener gezeigt; er hatte in dieser Beziehung seinen erhabenen Beruf, das grossartige *urbi et orbi* mehr als einmal bei Seite gesetzt, in unwillkürlich parteiischer Hinneigung und Vorliebe für das Volk, dem er entsprossen war, dessen Anschauungen, dessen Gefühle und Leidenschaften, dessen Ziele und Bestrebungen er von Jugend (auf) in sich aufgenommen hatte und die er selbst in seiner jetzigen Weltstellung noch vielfach nicht verleugnen konnte. Die „Tedeschi", und das waren den damaligen Italienern vorzugsweise die Oesterreicher, waren ihm kaum minder zuwider als sie es einem Azeglio, einem Gioberti, einem Prati oder sonst einem seiner philosophirenden oder politisirenden Landsleute sein konnten. Bei aller Zurück-

5. Die Niederlage Piemonts.

Um die italienische Frage zu lösen, wurde nun von Cabinet zu Cabinet behufs Zustandebringung eines Congresses verhandelt. Die Dinge nahmen einen sehr schleppenden Gang und Radetzky wurde ungeduldig. In Wien, respective Olmütz nahm man an, dass Palmerston falsches Spiel treibe. Man meinte, dass dieser im Einverständnisse mit Carl Albert und noch mehr mit der italienischen Bewegungspartei handle und deshalb dem wirklichen Beginne der Friedensunterhandlungen immer mehr Hindernisse in den Weg lege und um Vorwände zu diesem Zwecke nie verlegen sei. Durch die Vorgänge des 6. October in Wien geriethen überdies auch die schleppenden Besprechungen von Cabinet zu Cabinet in Stockung und setzte man voraus, dass die Wiener Ereignisse der Kriegspartei in Turin grossen Vorschub über die gemässigte geleistet habe, so dass ein Wiederbeginn der Feindseligkeiten ungeachtet der von dem französischen Cabinete am piemontesischen Hofe geführten abmahnenden Sprache angenommen wurde. In dieser bedrängten Lage, aus welcher das Ministerium keinen

weisung der extravaganten Tendenzen der Häupter vom „jungen Italien" stand Ginseppi Mazzini dem Herzen Mastai Feretti's näher, als der correcteste österreichische Staatsmann oder General." Wir denken, man wird Herrn Baron Helfert in dieser Beziehung als classischen Zeugen gelten lassen. — Die Fürstin Metternich schreibt in ihrem Tagebuch (vergl. „Aus Metternich's nachgelassenen Papieren". VIII. S. 15): „Der Papst segnet die Truppen, die unsere Provinzen erobern sollen." — Bei dieser Gelegenheit sei es uns gestattet, noch Folgendes zu bemerken: Wir haben an anderen Orten des kais. Hoffactors, der auch königl. polnischer Hoffactor war, Samson Wertheimber's (von diesem stammt das jetzige Mitglied des Herrenhauses Moriz Freiherr v. Königswarter ab), gedacht. Dieser erhielt von Kaiser Leopold im Jahre 1704 die Gnadenkette mit dem kaiserlichen Bildnisse, weil er beim Könige von Polen für den zweitgebornen Sohn des Kaisers, Erzherzog Carl, welcher am 12. September 1703 in Wien als Carl VII. König von Spanien proclamirt wurde, eine Million Gulden als Dotationsgelder erwirkte. Als dann später 1707 die österreichischen Truppen unter Daun nach Neapel und in den Kirchenstaat zogen, um einen regelrechten Krieg gegen den Papst zu führen (vgl. hierüber das jüngst erschienene werthvolle Buch: „Rom, Wien, Neapel" von Dr. Marcus Landau), da war es wieder Wertheimber, der Geld verschaffte, und dafür „verehrte" ihm Kaiser Josef I. tausend Ducaten, „um sich zu seinem Gedächtnisse Silber- oder Guldengeschirr zu verschaffen". Wie man also sieht, war selbst zu jener Zeit ein Krieg zwischen Kaiser, und zwar einem Habsburger, und Papst nicht nur im Bereiche der Möglichkeit, sondern wirklich und wahrhaft.

Ausweg wusste, ruhte das ganze und unbegrenzte Vertrauen auf Radetzky und hoffte man, dass es seinem Muthe, seiner Standhaftigkeit und seinem Einflusse auf die Armee gelingen werde, die der Monarchie wieder eroberten Provinzen fernerhin zu bewahren.

Doch Radetzky war mit dem Zustande Gewehr bei Fuss nicht einverstanden. Er sendete daher Ende October den Oberst Grafen Stadion nach Olmütz, welcher den Auftrag hatte, besonders mündlich auf das Kräftigste auf ein endliches Resultat der Friedensunterhandlungen zu dringen, da die Zustände in der Lombardei immer mehr und mehr unhaltbar wurden. Die von der österreichischen Armee errungenen Siege hatten nämlich, wie dies erklärlich ist, nicht zur Beschwichtigung des Landes beigetragen und die unsicheren und schwebenden Verhältnisse in Betreff der Friedensverhandlungen unterhöhlten noch mehr den Boden. Die durch mehrere Monate unbenützte Zeit reichte hin, den demokratischen Geist in allen Theilen des Landes zu stärken. Die anarchistischen Bestrebungen und die Auflehnung gegen die Ordnung nahmen immer mehr zu und versetzten die Regierung in Kraftlosigkeit. Alles bewaffnete sich, Alles strömte den Kriegsschauplätzen zu, die Regierung mochte wollen oder nicht, und wo nicht die Waffen gefürchtet wurden, da war die Revolte. Dazu kamen noch die republikanischen Zustände in Toscana, die fast anarchischen in Piemont und schliesslich die Wiener Ereignisse.

Radetzky versprach sich auch nur ein geringes Resultat von künftigen Erfolgen der Armee, weil jede Direction, in welcher selbe erfochten werde, die andere preisgibt und man stets wieder da hinkehren muss, wo sich inzwischen die Unordnung neu gestaltet hatte. Ueberdies machten Verpflegung und Bestreitung der Unkosten der Armee und die Administration bis auf den letzten Augenblick der Handelns eine zerstreute Dislocation nothwendig, weil da, wo man nicht war, in jeder Provinz oder Stadt, Geld und Lebensmittel verweigert wurden und man nur der momentanen Gewalt wich. Falls also dem Zustande, wie er damals war, kein Ende gemacht würde, meinte Radetzky, so müsste nicht nur endloses Elend über ein Land kommen, in welchem alle Bande der Ordnung fehlen, sondern auch die Armee werde in ihren Wirkungen gelähmt, weil dann im Laufe der Zeit Mangel an dem einen

oder an dem andern, d. h. an Geld oder an Verpflegung, eintritt,
welche die Auflösung derselben im Gefolge haben.

Radetzky führte übrigens noch andere Gründe an, welche
ein rasches Eingreifen erheischten, und zwar die Versuche, die
Soldaten aus Ungarn und Croatien zur Desertion zu verleiten,
zu welchem Zwecke „Unsummen", wie er angab, verschwendet
wurden. Aber wenn er auch in militärischer Hinsicht keine Furcht
hegte, so sei doch zu bedenken, dass er im freien Felde 150.000
Mann gegen sich haben könne, welchen er kaum die Hälfte entgegenzustellen
in der Lage sei, und überdies eine lange Linie zu
vertheidigen habe. Wäre kein äusserer Feind vorhanden, so könnte
man eine stabile Regierung bilden, welche die Armee schützen
würde. Aber man gebe den Völkern einen Vorwand zu revolutioniren,
wenn sie so lange darüber in Ungewissheit bleiben,
welchem Herrn und in welchem Verhältnisse sie ihm angehören,
was nach den vorausgegangenen Ereignissen in Italien noch für
alle Einwohner desselben zweifelhaft sei. Seine Ansicht ging daher
dahin, dass der gewöhnliche Gang diplomatischer Verhandlungen
Oesterreichs Stellung in Italien nur verderben könne, und schloss
mit dem Mahnrufe: „Schnell muss gehandelt werden, soll Armee
und Staat nicht zu Grunde gehen."

Minister Wessenberg, der sich eben anschickte dem Ministerium
Schwarzenberg den Platz zu räumen, suchte hierauf, 4. November,
Radetzky zu beschwichtigen. Selbstverständlich erklärte er, wie
nothwendig und wichtig ein baldiger Friedensschluss wäre, aber,
meinte er, so drohend auch die Verhältnisse in Italien sich gestaltet
haben, so sei denn doch die Aussicht auf eine befriedigende
Lösung seit dem neuesten grossen Erfolge, „den die Armee vor
Wien errungen, bedeutend gestiegen". Wessenberg theilte ferner
mit, dass der Kaiser und die Räthe, mit denen er sich umgeben
hat, die Nothwendigkeit erkannt haben, die Revolution in ihren
Hauptsitzen zu Wien und Ungarn zu bekämpfen. Dieser Zweck sei,
so weit es sich um Bezwingung der insurgirten Hauptstadt handelt,
vollkommen gelungen. Gegen Ungarn werden die Operationen mit
nächsten beginnen, und Alles lässt eine baldige und glückliche
Lösung dieser zweiten Aufgabe erwarten. In den deutschen und
slavischen Provinzen herrschte Ruhe. Alle Versuche, für die Sache des
Aufruhrs Sympathien und Beistand zu gewinnen, seien gescheitert.

Ein kräftiges Ministerium wird unverzüglich an das Werk der Reorganisirung schreiten, den gänzlich gelähmten Regierungsorganen neues Leben verleihen und die Achtung vor den Gesetzen und dem kaiserlichen Ansehen wieder herzustellen trachten.

Unter so veränderten Umständen können die Friedensverhandlungen mit Sardinien nur gewinnen; denn ein Anderes sei es, mitten im Kampfe der Parteien und in der precären Lage, in welcher sich die Regierung bisher befunden und ein Anderes unmittelbar nach einem Siege über die Anarchie das Feld der Negotiationen betreten. Dass wir aus dieser neuen und plötzlichen Gunst der Verhältnisse für die Lösung der italienischen Frage den möglichsten Vortheil zu ziehen gedenken, bedarf keiner Versicherung. Hierzu trete noch ein anderer Umstand von nicht geringer Bedeutung.

Das russische Cabinet hat, schrieb W., eine directe Betheiligung an der Mediation abgelehnt, zugleich aber seine Theilnahme für Oesterreich und seine Missbilligung der von Frankreich und England verfolgten Politik auf das Bestimmteste und mit einer jeden Zweifel hierüber in Paris und London, sowie in Turin beseitigenden Offenheit ausgesprochen. Seine Abgeneigtheit, einen unmittelbaren Antheil an dem Werke der Vermittlung zu nehmen, erklärte es durchaus den festen Entschluss des Kaisers Nicolaus, zu keinem Unternehmen die Hand zu bieten, welches auch nur von Ferne eine Schmälerung des österreichischen Staatsgebietes, überhaupt eine Verminderung des durch die Wiener Verträge gewährleisteten Territorialstandes herbeiführen könnte. Diese Stellung hat das russische Cabinet eingenommen vor den Augen Europas. Es verstärkt hierdurch die unsere nicht nur mit dem ganzen Gewichte seines moralischen Einflusses, es stellt sogar eine materielle Hilfe für den Fall, dass die italienische Frage zu einem europäischen Kriege führen sollte, ohne Rückhalt in Aussicht.

Diese so edle als staatskluge Politik war Russland zu befolgen entschlossen in einem Zeitpunkte, wo es von der k. k. Regierung ein kräftiges Auftreten kaum erwarten konnte und mit den Absichten derselben hinsichtlich der Friedensverhandlungen überhaupt nur unvollständig bekannt war. Ich gebe daher die Hoffnung nicht auf, dass dieses Cabinet, verständigt von unserem Grundsatze: **in keinem Falle und unter keiner Bedingung**

in irgend eine Gebietsabtretung einzuwilligen
und uns hinsichtlich der Grenzen unserer italienischen Besitzungen strenge und unverbrüchlich an
die Bestimmungen der Verträge von 1815 zu halten
— noch um einen Schritt weiter gehen und sich, sowie auch
Preussen hierzu bereit ist, an den zu eröffnenden Conferenzen mit
einem ad hoc Bevollmächtigten betheiligen werde.

Ganz anders gestaltet sich dann unsere Stellung, denn wenn
Sardinien durch die Vertreter zweier Grossmächte — in denen wir
mehr oder weniger nur Gegner erblicken können — seinen Ansprüchen Unterstützung zu geben sucht, so legen wir in unsere
Wagschale das Gewicht und den Nachdruck, welchen die Anwesenheit der Bevollmächtigten Russlands und Preussens der gerechten
Sache ohne Zweifel verleihen werden. . . .

Anlangend die Lage der kaiserlichen Armee in Italien, kann
ich nur wiederholen, was ich bereits gesagt. Eine Vermehrung
der Streitkräfte daselbst, so wünschenswerth sie uns erscheint,
liegt ausser der Möglichkeit. Dagegen lebt Seine Majestät der
festen Zuversicht, es werde Hochdemselben gelingen, alle drohenden
Gefahren, welche wir nicht verkennen, abzuwehren und mit der
tapferen Armee den gegenwärtigen Zustand so lange zu erhalten,
bis es gelungen sein wird, einen wirklich ehrenvollen Frieden,
worunter wir nur die Beibehaltung unserer Grenzen verstehen,
abzuschliessen und den jetzt precären unsicheren Verhältnissen
in Italien einen neuen und dauerhaften Halt zu verleihen".

Da sich Radetzky auch an den Fürsten Schwarzenberg,
dem präsumtiven Minister des Aeussern, gewendet hatte und diesen
zu einem raschen, energischen Vorgehen veranlassen wollte, so
hielt dieser nicht zurück, ihm seine Ansichten über die Lage im
Allgemeinen und über die obschwebenden Verhandlungen insbesondere am 15. November auseinander zu setzen. Er schrieb:

„Der Zustand unserer Monarchie ist wahrlich der Art, dass
beinahe übermenschliche Kräfte dazu gehören, das mir auferlegte
Unternehmen dem gewünschten Ziele zuzuführen. Langjährige
Verwahrlosung und neue Zerstörungswuth haben das Gebäude dem
Einsturze nahe gebracht und handelt es sich darum, es wieder herzustellen. Das dazu nöthige Material ist wohl vorhanden, aber
die Leute, die Gehilfen, die Hand anlegen sollen bei dem grossen

Werke, sind unendlich schwer zusammenzubekommen. Seit beinahe vier Wochen sind wir mit der Constituirung eines neuen Ministeriums beschäftigt, und jetzt erst haben wir eine Anzahl Männer gefunden, welche Selbstaufopferung und Patriotismus genug besitzen, sich unter so schwierigen Verhältnissen der gefährlichen Aufgabe zu unterziehen. Die Bezwingung Wiens hat die Regierung einigermassen gestärkt, so lange aber der Aufruhr in Ungarn nicht besiegt und das Gesetz durch Waffengewalt nicht wieder zu Ansehen gekommen ist, stehen wir immer noch auf schwankendem Boden. Dieses gilt nicht nur dem Innern, sondern auch und ganz besonders dem Auslande gegenüber, und darin liegt ein guter Grund, die Unterhandlungen in der italienischen Frage noch nicht zu eröffnen.

So lange die vermittelnden Mächte wissen, dass wir nicht einen Mann aus den Erblanden entbehren können, ist auch keine Aussicht mit Erfolg zu negociren. Jeder Schritt, der die Autorität des Kaisers in den empörten Provinzen hebt, wird uns in Beziehung auf Italien, Frankreich und England besser stellen und hoffentlich wird der Zeitpunkt bald herankommen, in welchem wir laut und bestimmt auf unser gutes Recht bestehen können und wo unsere Stimme Gehör und Geltung finden wird.

Aus dem Gesagten ergibt sich, dass die Entscheidung der wichtigsten Frage bei unserem tapferen Heere steht, und sie ist in guten Händen. Eine Armee muss Ungarn erwerben — während die andere die von ihr glorreich wieder gewonnenen italienischen Provinzen behaupten muss. Wir zögern nur noch einige Wochen und hoffen dann — was wir jetzt nicht zu thun im Stande sind — in einer Weise aufzutreten, die der Ehre und den Interessen Oesterreichs entsprechen wird.

Die neue Regierung muss den Grundsatz feststellen, dass die Armee und ihre Verwendung ausschliesslich und ohne irgend einen Einspruch nur der executiven Gewalt, d. h. dem Kaiser, vorbehalten sind. Dem verantwortlichen Kriegsminister steht nur die Verwaltung zu, die er allein zu vertreten hat. Dass sich bis zur definitiven Regelung seiner Geschäftsattributionen und der Feststellung der neuen Verhältnisse manche kleine Irrung und hie und da eine Störung ergeben dürfte, ist zwar wahrscheinlich, indessen ist das Princip zu wichtig und dessen schleunige Anerkennung und Anwendung zu dringend, um vorübergehende

Schwierigkeiten als wirkliche Hindernisse betrachten zu sollen. Dass hierbei vorzüglich auf das übereinstimmende Handeln unserer beiden Feldmarschälle und ihre weise Fürsorge für die Armee gerechnet wird, brauche ich nicht versichern zu dürfen.

Am 22. wird sich der Reichstag in Kremsier versammeln, wie und ob wir mit demselben gehen und die Hoffnung hegen können, zu einem erspriesslichen Resultate zu gelangen, wird sich um so eher herausstellen, als die neue Regierung entschlossen ist, mit der grössten Offenheit aufzutreten; sie wird sich über alle Fragen so fest als entschieden aussprechen: — in den Fällen, wo vorgeschritten werden muss, so muthig die Initiative ergreifen, dass ihre Stellung zum Reichstage in der kürzesten Frist klar werden muss."

So thatenlustig Radetzky auch war, verstand er doch die vorgebrachten Momente zu würdigen. Die Mittheilungen Schwarzenberg's über die Stellung des Kriegsministers im Cabinete und die Markirung des Kaisers als obersten Kriegsherrn mochten dem alten Feldmarschall um so willkommener sein, da sich eine Rivalität zwischen ihm und Windischgrätz herausgebildet hatte und er wohl gerne den Kaiser, aber sonst niemand Andern über sich dulden wollte.

Vorläufig wurde daher weiter über den Frieden verhandelt. In einem gegebenen Falle lehnte Schwarzenberg auch eine diplomatische Intervention ab. Am 5. November wurden nämlich Gewaltthätigkeiten gegen den k. k. Consul in Ferrara verübt. Radetzky verlangte hierauf diplomatisches Einschreiten. Doch Schwarzenberg hielt einen derartigen Schritt für um so nutzloser, als Rom und mehr oder minder der ganze Kirchenstaat sich zu jener Zeit im revolutionären Zustand befand, der Papst entflohen war und nirgends eine regelmässige Regierung bestand, von der man Genugthuung hätte fordern können. In diesem Falle, meinte Schwarzenberg, wäre Selbsthilfe angezeigt gewesen, wenn die Oesterreicher während oder unmittelbar nach dem Tumult einige Bomben in die Stadt geworfen hätten. Auf diesen Fuss müsste man sich überhaupt mit Bevölkerungen setzen, denen kein Gesetz mehr gilt und die nur der Schrecken im Zaum halten kann.

Am 13. December brachte Schwarzenberg die Erklärung der französischen Regierung zur Kenntniss Radetzky's, die dahin ging, für den Fall eines Angriffes der piemontesischen Armee, sei dieser gegen die Lombardei oder gegen die Herzogthümer Parma, Piacenza und Guastalla gerichtet, ihren schon früher geäusserten Absichten getreu, König Carl Albert in keinem Falle zu unterstützen, selbst dann nicht, wenn nach Besiegung des Letzteren, der Krieg nach Sardinien verlegt werden sollte.

Radetzky legte jedoch diesen Mittheilungen keinen grossen Werth bei, da in Frankreich Alles nur von heute auf morgen war. Dasselbe war auch in Italien der Fall und schien das eben kaum geborene sardinische Ministerium schon überflügelt zu sein. Ja, Radetzky meinte, es werde ihn nicht wundern, nächstens Carl Albert als Flüchtling bei sich zu sehen.

Bevor wir fortfahren, wollen wir noch eines Conflictes mit der Schweiz, den Canton Tessin betreffend, gedenken. Den Bürgern dieses Cantons, der die Lombardei begrenzt, war es gestattet, sich in der Lombardei niederzulassen und bedurften deren Pässe nicht der Legalisirung der österreichischen Gesandtschaft in der Schweiz. Nachdem jedoch dieser Canton der Sammelpunkt der Italianissimi wurde, hob Radetzky am 18. September 1848 diese Begünstigungen auf. Hierauf beschloss die Bundesversammlung der schweizerischen Eidgenossenschaft in der Sitzung vom 27. November 1848 ein Decret zu erlassen, nach welchem die italienischen Flüchtlinge aus dem Canton Tessin entfernt und in der Schweiz internirt werden sollen, und der Canton Tessin ordnete am 5. December die diesbezügliche Vollziehungsmassregel an. Nachdem dies geschehen war, wurde der Feldmarschall gebeten, den *status quo ante*, wie er bis zum 18. September bestanden, wieder herzustellen.

Doch Radetzky wollte vorläufig nicht darauf eingehen.

Er war weit entfernt, an der Aufrichtigkeit der guten Gesinnungen des eidgenössischen Vorortes nur im Geringsten zweifeln zu wollen und war überzeugt, dass die Commissäre es sicher nicht an Energie werden fehlen lassen, dem Decrete der Regierung Geltung zu verschaffen. Nachdem jedoch die Publication des Cantons Tessin die Frist der Entfernung bis 20. December festgesetzt hatte, erst vor Kurzem aber viele der Hauptaufwiegler noch dort sich befanden und namentlich der „schurkischeste" aller Revolutionäre, Mazzini, sich noch im Canton Tessin aufhielt, der auch in den Jahren 1831 und 1834 und in späteren Epochen ein sicheres Asyl daselbst fand, sowie jetzt seine Umtriebe dort leitete, ja erst einige Tage zuvor ein von selbem nach Brescia gesandter Bote bei Chiasso mit Schriften und Briefen, sowie revolutionären Proclamationen aufgefangen worden, der seine Schuld mit dem Tode büsste: so wollte Radetzky vorerst das Resultat der vom Vororte getroffenen Massregeln abwarten, bevor er den früheren Zustand wieder herstellen wollte.

Wenn mit der Entfernung der italienischen Flüchtlinge auch alle jene Umtriebe beseitigt sein werden, welche so lange aus dem Canton Tessin die Lombardei beunruhigten (sowie von dort noch immer die ganze revolutionäre Correspondenz mit ganz Italien wie früher fortbestand), dann werde er mit Vergnügen bereit sein, den früheren Zustand wieder herzustellen.

Kehren wir nun wieder zu unserem Gegenstande zurück.

Fürst Schwarzenberg war damit beschäftigt, die Conferenz zu Stande zu bringen, um die Angelegenheiten in der Lombardei zu ordnen und der Minister des Innern hielt den Moment für gekommen, die Ordnung im Innern der Lombardei herzustellen.

Radetzky hielt es für angemessen, neuerdings Vorschläge zu unterbreiten, in welcher Weise die Angelegenheiten geordnet werden müssten. Er schickte den bereits genannten Generalstäbler Major Huyn, der mit seinen Hauptansichten vertraut war, nach Kremsier, resp. nach Olmütz und Wien und schrieb an den Fürsten Schwarzenberg, 13. December (wir wollen den Feldmarschall selbst sprechen lassen), Folgendes:*)

„Meine Meinung wird bestimmt sein, weil nur das Bestimmte zum Zwecke führt, die Zeit der Tergiversationen vorbei ist und nur das Beste in jedem eigenthümlichen Verhältnisse frommen kann: das Eigenthümliche dieses Landes aber zu wissen und den Machthabern des Staates darzustellen, meine heiligste Pflicht ist.

Gehen wir hiermit zum ersten der oberwähnten zwei Kapitalpunkte des Landes über . . . , so geht meine Meinung. früher

---

*) In der Voraussetzung, dass es neuerdings zum Kampfe kommen werde, stellte Radetzky am 23. December an Windischgrätz die dringende Bitte, die endliche Ausführung der Corpsvermehrung keinen Augenblick anstehen zu lassen und diesen Wunsch auf's Kräftigste bei dessen entscheidenden Einflusse beim Kaiser mit aller Wärme zu unterstützen.

wie jetzt, dahin, dass eine Pacificirung durch Friedensunterhandlungen dieses unglücklichen Landes, nicht allein jene des Wiener Hofes unwürdige mit Piemont allein (dessen politische Verächtlichkeit in ganz Europa zu notorisch ist, um solche Ehre zu verdienen), sondern die Pacificirung des ganzen Italien durch einen consolidarisch verbundenen europäischen Congress — somit jene von den Alpen bis zum Meerbusen von Tarent (gleichsam eine Bevormundung desselben) in sich begreifen müsste. Tief durchdrungen bin ich allerdings, dass dies bei den kreuzenden Interessen der einzelnen Mediationsmächte und bei der leider eingetretenen Verwirrung der Rechtsbegriffe neuerer Zeit ein herkulisches Unternehmen ist, allein letzteres muss unternommen — der höhere Standpunkt dieses Pacificirungs-Congresses gleich am Anfang festgestellt werden, sonst kann das Werk den Meister nicht loben. Die Cur wäre palliativ und die Wunden, welche die sturmbewegte Gegenwart beinahe allen Völkern — mit Ausnahme des egoistischen englischen — geschlagen hat, können nicht heilen, weil sie von Zeit zu Zeit wieder aufbrechen und endlich den ganzen Körper in politische Fäulniss bringen würden.

Da der Kirchenstaat und Toscana in voller anarchischer Revolution sind, Neapel auf längere Zeit selber Widerstand zu leisten, trotz des guten Willen des Königs nicht im Stande ist, auch keine sicheren Elemente bietet, die Schlechtigkeit und Unzuverlässigkeit Piemonts aber jedes Mittel ergreift — um, wenn auch nur augenblicklich — Separatlüsten zu fröhnen, der König jetzt schon zur politischen Null geworden, in dem Ueberfluthen der Demokratie und in seiner Herabwürdigung den verdienten Lohn empfängt — der Zustand seines Landes aber, trotz vieler conservativer Elemente, durch innere Zerwürfnisse gar keine Garantie für die Zukunft gibt, wenn es auch wirklich zu einem Frieden, gemäss der Tractate, gezwungen würde: so muss die Hilfe für Italien bald geschehen, denn wenn sie nicht binnen vier Monaten radical und sicher erfolgt und hauptsächlich die Kraft der Regierungen zur Vertilgung der Volksanarchie nicht in monarchisch-conservativem Sinne gestärkt wird, so ist die gegenwärtige Generation und mit ihr das Land für eine ruhige zeitgemässe Entwicklung ihrer Civilisation für ein Jahrhundert verloren.

Der höheren Weisheit der versammelten Staatsmänner muss es dann überlassen bleiben, ob nicht, durch die Zeitverhältnisse dazu gezwungen, die Vereinigung aller italienischen Staaten in einen politischen Staaten- und Handelsbund in gradativen Epochen für dieses Land, sowie auch für Oesterreich als die dann grösste Macht desselben — oder irgend ein anderes meiner Einsicht unbekanntes Mittel zur Beruhigung dieses Landes am schnellsten beitragen könnten, allein eines ist mir klar, dass es ein grösserer, ein höherer Gedanke, dass es eine politische Idee zugleich kräftiger und menschenfreundlicher Conception sein muss (welchen der Säbel noch einige Zeit als Mittel zu ihrer Realisirung — wenn auch nicht als Zweck — dienen muss), die allein die hier gleich anderswo aufgeregten Geister der Gutgesinnten, sowie die Schlechtigkeit der Bösgesinnten in das Bett des Gehorsams zurückleiten muss.

Ich gehe nun auf die inneren Zustände. Ohne anzufangen von Personen zu sprechen, wo es sich um Sachen — mithin von dem Wohle dieser Provinzen und von ihrer Rückkehr zum physischen und geistigen Gehorsam, somit zuerst vor Allem von den Mitteln handelt, hierzu zu gelangen, so leuchten hier nach meiner Ueberzeugung zwei Grundsätze als leitende Normen alles Handelns für die nächste Zukunft heraus:

1. Dass die Militärregierung noch bis zum Friedensschlusse und eine Pacificirung des ganzen Landes im obigen Sinne nothwendig sei. Niemand wird froher sein, als ich . . . , wenn ich mich der mir anvertrauten Armee allein weihen, die Oberleitung der Administration aber anderen Händen vollkommen überlassen könnte. Allein der Dualismus taugt hier zu Lande gar nichts, wird nur ausgebeutet zu Intriguen und somit zum Nachtheile für den Dienst, und wie viele Köpfe sind denn stark genug, ein früher ungetheiltes Regiment nun getheilt zu führen, die Verhältnisse früherer Zeit zu vergessen und sich in jene der neueren Zeit hineinzudenken, nach selben sich selbst und die Prätentionen ihrer Untergebenen umzumodeln, kurz die Eigenthümlichkeit jeder Epoche zu erfassen und die eigene Eitelkeit, sowie jene der ihrigen auch nur für eine gegebene Zeit der höheren Staatsrücksicht geistreich unterzuordnen? So haben wir hier einen würdigen, liebenswürdigen Mann, den ich selbst mir hier erbeten, da der Mann in Ermanglung eines mir Bekannten

und bei der Unfähigkeit der Früheren mir noch als der geeignetste anempfohlen wurde, und dennoch fühle ich, dass ein untergeordnetes, mich in allen Theilen unterstützendes Zusammengreifen bei seiner Empfänglichkeit für Popularität, für fremde Einflüsse und bei einer Art Charakterschwäche, die trotz aller sogenannten Diensteskenntniss für das gerechte, aber strenge Regiment, das hier ein Krieg von allen Seiten und den revolutionären Tendenzen aller Stände bis zur vollen Beschwichtigung dieses Landes fortdauern muss, nicht passt, mit ihm nicht möglich ist. In meiner Stellung als ältester Feldmarschall der Armee kann von einer ferneren Ambition oder Aemtersucht nicht die Rede sein. Wäre sie wirklich in meinem Charakter, so hätte ich sie ja schon erreicht. Mein Ruf mit achtzig Jahren setzt mich über solche Vermuthungen hinaus, darum kann ich auch offener reden, als Andere: aber diesem Lande wird noch längere Zeit ein Generalgouverneur, jedoch Einer, der es ist, noth thun und der in jeder gefahrvollen Epoche, schon vor Jahrhunderten durch den Prinzen Eugen und in neuerer Zeit durch Bellegarde vorgestellt, in die Regierung des Landes Kraft und Einheit brachten.

2. Scheint es mir allmälig an der Zeit, gerade so lange das militärische Element vorwalten und uns die Ordnung versichern muss, die Chefs der höheren Regierungsstellen, sowie die Chefs der Provinzen aus den Italienern zu nehmen: denn man wird doch zu dieser Massregel kommen müssen und dann ist es am besten, sie gleich zu thun. Wir würden dadurch eine grosse Partei im Lande gewinnen, weil wir dadurch den Grundsatz etabliren, die innere Landesorganisation italienisch zu führen und die Gefahr dabei würde vermindert, weil die Kraft der Armee und ihr Regiment noch vorherrschend ist, um diesen Uebergang in den gehörigen Schranken zu halten, sowie denn nicht nur diese Verfügung, sondern auch jede andere, welche eine constitutionelle Entwicklung dieses Landes beabsichtigen sollte unter der regelnden und zähmenden Kraft der Militärgewalt eingeführt und erst ihr Erfolg abgewartet werden sollte, um weiter zu gehen . . . . . Was aber das gesammte Unterpersonale betrifft, welches jetzt mit Deutschen untermischt ist, so müsste die Billigkeit die Schiedsrichterin sein, und nur allmälig die ganze Classe der Beamten mit Inländern besetzt werden . . . . .

„Keine Art Rücksicht leitet mich — in meinem langen und schwer durchkämpften Leben ward mir das seltene Glück gewährt, am Abende desselben vielleicht das Möglichste zu erreichen und, Gott gebe, die kommende Morgenröthe eines neuen Tages zu erleben und so möchte ich denn gerne auch das Meinige dazu beitragen, nachdem die Gewalt des Schwertes das Unkraut nach Vermögen ausgejätet, den Samen des Guten zu säen und wenn auch vielleicht die nicht volle Saat, die erst in einem halben Jahrhundert reift, doch die Keime in üppiger Kraft erblühen zu sehen, die unter Ihrer kräftigen Hand, sowie unter jener aller Ihrer edlen Kampfgenossen (denn der Kampf auf der Tribüne ist noch viel entscheidender, als jener, den Sie erst jüngst so heldenmüthig mitgemacht) sich reich und schön entfalten möge."

Es ist heute überflüssig, das Project Radetzky's oder den höheren Standpunkt, den er einnimmt, indem er einen Pacificirungscongress vorschlägt, nach welchem Italien einen politischen Staatenund Handelsbund mit österreichischer Spitze bilden sollte, einer kritischen Prüfung zu unterziehen. Wie sehr irrte sich der tapfere Feldmarschall in Beziehung auf den Charakter des italienischen Volkes! Wenn er überdies von einer Bevormundung spricht, so beweist er, dass er denn doch kein Verständniss für die Zeit und für die Italiener hatte, denn die Bevormundung eines civilisirten Volkes war schon damals ein Anachronismus, die sich auf die Dauer nicht durchführen liesse. Wenn sich Radetzky übrigens gegen einen Civiladlatus wehrt, so ist dies allerdings psychologisch begreiflich. Die Männer des Schwertes haben stets den Federfuchsern wenig Achtung entgegengebracht und gibt es überhaupt nur höchst selten Personen, die von der ihnen eingeräumten Macht etwas abgeben wollen. Radetzky pochte daher darauf, dass ihm der Kaiser nicht nur das Obercommando der Armee, sondern auch die Oberleitung der Administration, welche ihm mittelst Erlasses des Ministeriums anvertraut wurde, belasse. Er sträubte sich daher dagegen, dass Jemand die Administration in selbstständigem Wirkungskreis übernehme und äusserte er sich über den Civiladlatus Staatsminister Grafen Montecuccoli in abfälliger Weise.

Bevor jedoch das citirte Schreiben in Olmütz eintraf, hatte das Ministerium beschlossen, eine Commission zusammenzusetzen, welche zu Handen des Ministeriums, bezüglich der Organisation des lombardisch-venetianischen Königreiches Vorschläge machen sollte. Diese Commission sollte in Wien unter dem Vorsitze des Gouverneurs des Küstenlandes Altgrafen Salm tagen. Montecucculi wurde daher am 14. December vom Grafen Stadion aufgefordert, im Einvernehmen mit Radetzky geeignete Männer als Mitglieder dieser Commission vorzuschlagen.

Da Radetzky zögerte, wendete sich Stadion am 26. December wiederholt an denselben und motivirte neuerdings diesen Schritt.

Der gegenwärtige Moment, meinte er, dürfte eine befriedigende Lösung der allerdings schwierigen Aufgabe um so mehr hoffen lassen, als die Ereignisse in Rom, das Schicksal des Papstes die einer vernünftigen Beurtheilung der Begebenheit fähige Classe, besonders aber den Clerus, zur Besinnung gebracht und sie über die letzten Zwecke der sogenannten liberalen italienischen Partei aufgeklärt haben, daher zu hoffen sei, dass der gemässigte und redlicher denkende Theil der Bevölkerung in der innigen Vereinigung mit Oesterreich vielmehr die Garantie einer besseren Zukunft erblicken und ihre Mitwirkung zur Erreichung dieser Zwecke nicht versagen werden.

Radetzky verhielt sich nach wie vor skeptisch zu diesem Projecte, da er noch nicht die Zeit für gekommen hielt, Abgeordnete einzuberufen. Andererseits stimmte Schwarzenberg, 30. December, der bei dieser Gelegenheit geäusserten Ansicht Radetzky's bei vorläufig nichts gegen Venedig zu unternehmen.

„Wir wären gewiss," schrieb er, „in unserem vollen Rechte, wenn wir Venedig auf jede mögliche Weise zu bezwingen versuchten, die willkürliche Ausdehnung des Waffenstillstandes mit Sardinien auf die insurgirte Stadt haben wir nie zugegeben. Allein neben dem Recht müssten auch Rücksichten der Politik nicht ausser Acht gelassen werden. Die Wendung der Dinge in Frankreich scheint im Ganzen eine günstige zu sein. Der französischen Regierung war es überhaupt mit ihrer wirklichen Theilnahme für Carlo Alberto niemals rechter Ernst und jetzt vielleicht weniger als je. Inzwischen lässt sich nicht voraussehen, ob ein Angriff und die Bezwingung Venedigs in Frankreich von einer gewissen Partei nicht benützt werden würde, um eine grosse Aufregung hervorzurufen und Louis Bonaparte zu einem bewaffneten Einschreiten in Italien zu zwingen oder zu verleiten, denn Louis Bonaparte ist eine unbekannte Grösse (der schmeichelhafteste Ausdruck, fügt Schwarzenberg hinzu, den man für den neuen Staatschef anwenden kann).

Ein anderer Umstand, der gegen den Angriff spricht, sei die neueste Gestaltung der Dinge in Mittel- und Unter-Italien sowohl, als in Piemont. Dort bereite sich offenbar seit der Flucht des Papstes eine Reaction zu Gunsten des Oberhauptes der Kirche oder eigentlich zu Gunsten der Ordnung und der Erhaltung vor, während in Piemont ein Zustand eingekehrt sei, der jeder Berechnung Hohn spricht und das Unmögliche gewissermassen wahrscheinlich macht, jedenfalls aber zu einer nahen Katastrophe hindrängt. Warum in die Ereignisse voreilig eingreifen? Warum nicht ihren Verlauf ruhig abwarten? Täuscht uns nicht Alles, so haben wir den Strom der Dinge für uns. Oesterreich steht inmitten dieser chaotischen Wirrsale als die einzige Macht in Italien. Dass sich die Elemente der Ordnung und Erhaltung in jenem Lande uns nähern und uns stärken, indem sie bei uns Stärkung suchen, liegt in der Natur der Sache."

In gleicher Weise empfahl Schwarzenberg dem Feldmarschall, 5. Februar 1849, wenn nach dem Abmarsche der dem Papste treu gebliebenen Truppen aus Bologna anarchische Zustände eintreten sollten, und wenn in Folge dieser Wirren noch so dringende Aufforderungen zur bewaffneten Intervention von Seite der gutgesinnten Einwohner an österreichische Militärcommandanten gerichtet werden, denselben kein Gehör zu geben . . . Die österreichischen Truppen dürfen den Po nicht überschreiten, ausser es würde vom militärischen Standpunkte aus nothwendig werden. Man trug sich überdies damals mit der Hoffnung, es werden die zwischen Oesterreich und Frankreich gepflogenen Verhandlungen, den Papst wieder in seine Souveränetätsrechte einzusetzen, bald zu einem Resultate führen. Indessen erfolgte, wie man weiss, am 9. Februar 1849, 2 Uhr Nachmittags, die Proclamirung der Republik in Rom vom Capitole aus und um 1 Uhr Nachts die Erklärung der Decadenz der weltlichen Macht des Papstes.

Bald hierauf erschienen vereint im Ministerium des Aeussern in Wien (beim Unterstaatssecretär Werner) der englische Botschafter Lord Ponsonby und der französische Geschäftsträger Marquis de la Cour. Lord Ponsonby erklärte, das englische Cabinet wünsche, dass die Conferenzen in Brüssel bald beginnen. Lord Palmerston meinte, jetzt das Werk der Mediation verzögern oder es gänzlich verlassen, würde der Kriegspartei in Frankreich und Italien einen neuen Aufschwung geben und in Folge dessen das französische Cabinet drängen, seine friedliche Stellung aufzugeben. In ähnlicher Weise sprach sich der französische Geschäftsträger aus.

„... Une médiation entre deux parties belligérantes après une campagne qui a fini par la victoire de l'une et par la défaite de l'autre de ces parties, ne saurait avoir pour objet d'adjuger au vaincu le prix des victoires remportées sur lui. Cela serait doublement impossible si le vainqueur par le sort de la guerre n'avait fait que rentrer dans ses droits... Si les deux puissances maritimes ainsi que les explications de leurs représentants doivent nous le faire croire partagent notre manière à voir à cet égard, si elles nous donnent l'assurance formelle et positive de ne point appuyer les prétentions inqualificable du Cabinet Sarde, mais au contraire de les écarter comme inadmissibles, si elles acceptent d'avance comme point de départ de la médiation la base sur laquelle seule nous saurions entrer en négotiations, savoir le maintien de la conscription territoriale telle qu'elle a été consacrée par les traités tant à l'égard d'Autriche, qu'à celui des duchées de Parme et de Modène: alors nous n'hesiterons pas un instant à expédier à notre Plenipotaire ses plainpouvoirs en même temps que l'ordre de se rendre à Bruxelles.

Schwarzenberg hielt nun den Zusammentritt der Conferenz zu Brüssel für gesichert und gab auch dieser Ueberzeugung Ausdruck in einem Schreiben an Radetzky vom 17. Februar, und zwar hielt er das Zustandekommen derselben noch mehr in der Weltlage und speciell in der Lage Italiens, als in den Verhältnissen Oesterreichs zu Piemont für nothwendig. Was sich in jüngster Zeit ereignet hat, schrieb er, 17. Februar, nach der Flucht des Papstes, dem Verschwinden des Grossherzogs von Toscana, der Ausrufung der Republik in Rom und den drohenden Kriegsrüstungen Carlo Alberto's müssen die Begebenheiten bald zur Entscheidung kommen. Wir hoffen, dass sie eine günstige sein werde. Es handelt sich nicht mehr um die Geltung politischer Theorien, sondern um den socialen Bestand eines grossen Theiles von Europa und keine Regierung kann die Fortdauer oder das Umsichgreifen dieser Zustände dulden.

Radetzky jedoch verhielt sich trotz aller Argumente nach wie vor in Betreff der Conferenz skeptisch. Als sich dann Anfangs März 1849 das Gerücht verbreitete, General Lamarmora sei mit 10.000 Mann auf dem Marsche nach Pisa, eine Bewegung, der nur ein offensiver Charakter beigelegt werden konnte, welche offenbar eine Verletzung der Waffenstillstandsconvention vom 9. August involvirte, fragte es sich, wie der Gefahr vorzubeugen, ohne direct die piemontesische Armee anzugreifen. Radetzky erklärte hierauf am 9. März dem Fürsten Schwarzenberg, dieser lasse sich zu sehr von der Sorge der unzureichenden Machtmittel Radetzky's und aus Rücksichten auf Frankreich leiten, um einen europäischen Krieg zu vermeiden. Man sucht die italienischen Zustände möglichst zu beschwichtigen und lässt sich von Piemont die masslosesten Beschimpfungen gefallen.

„Geben Sie mir dagegen", ruft Radetzky dem Fürsten Schwarzenberg zu, „die Mittel und Sie werden sehen, ob ich Sr. Majestät dem Kaiser, gleich einem zweiten Hohenstaufen, nicht bald ganz Italien bis an die Grenzen des Gebietes des edlen Königs von Neapel zu Füssen lege".

Ueberhaupt, erklärt Radetzky, habe die Kriegführung in Ungarn und die schmachvolle Defensive, welche er sich auferlegen musste, da er 25.—30.000 Mann braucht, sehr geschadet. Er wünschte daher zunächst eine Verstärkung der Armee „und Sie sollen meinen Säbel wieder blinken sehen".

Betreffend die Rücksichten auf Frankreich, meint Radetzky ferner, sei gegenwärtig die Zeit der *faits accomplis*. „Es handelt sich nur darum, dass auch so schnell gehandelt wird, dass dann Anderen, die gerne Einsprache thun möchten, hierzu keine Zeit bleibt." Darin könnten, fügte er hinzu, die Piemontesen die Lehrmeister Oesterreichs sein.

Es war Radetzky nicht gegönnt, wie er es wollte, aus eigener Initiative zur Offensive überzugehen, aber bald war die Gelegenheit geboten, wo er seinen „Säbel wieder konnte blinken lassen". Am 10. März sendete die französische Regierung Baron Mercier nach Turin, um dem dortigen Cabinet dringend von der Wiederaufnahme der Feindseligkeiten abzurathen und zu erklären, dass, wenn Sardinien dennoch dazu schreiten sollte, es dies ganz auf eigene Gefahr thun werde und dabei auf den Beistand Frankreichs nicht rechnen könnte. Nun war allerdings das französische Ministerium mit der französischen Nationalversammlung, in welcher die radicalen Elemente in grosser Anzahl vorhanden waren, nicht identisch und waren die französischen Zustände damals überhaupt auf einer so schwankenden Grundlage, dass es ein gewagtes Unternehmen war, von einem Tage auf den andern zu schliessen.

Doch wie immer, bevor noch Mercier seine Mission erfüllen konnte, traf am 12. März ein piemontesischer Major bei Radetzky mit der Kündigung des Waffenstillstandes ein*) und Radetzky schritt rasch an's Werk.

Schon am 19. März 1849 schrieb Radetzky an Schwarzenberg von St. Angiolo:

„Meine Streitkräfte sind nunmehr versammelt und da ich einerseits aus dem Innern der Monarchie keine Verstärkung zu erwarten habe, andererseits die Zustände dieses Königreiches gar nicht erlauben, lange hinzuhalten, will ich nicht in meinem Rücken Revolutionen ausbrechen sehen, so habe ich mich entschlossen, statt einer abwartenden passiven Defensive sogleich eine Offensive und Defensive zu ergreifen.

Ich werde in einem Flankenmarsche in der Richtung gegen Mortara und Novara vordringen, um die Hauptarmee des Königs daselbst aufzusuchen und sie trotz der Minderzahl meiner Truppen wo möglich mit Hilfe der Vorsehung und im Gefühle unserer gerechten Sache zu schlagen.

Werde ich besiegt, so bin ich nicht schlechter daran, als wäre dies hinter dem Tessin geschehen, denn mein Rückzug ist vollkommen gesichert. Bin ich aber so glücklich, den Feind zu schlagen, so werde ich dann nach Umständen handeln, um auch

---

*) Am 16. März begab sich eine Deputation der ersten Bürger Wiens zu Radetzky, um demselben das Diplom (der Text von Grillparzer und die Kalligrafie und Malerei, wahre Kunstwerke), als erster constitutioneller Ehrenbürger zu übergeben.

den am rechten Po-Ufer befindlichen Theil der feindlichen Armee aufzusuchen und zum Rückzuge zu zwingen."

Am 23. März fand hierauf die Schlacht bei Novara statt, in welcher Radetzky einen glänzenden Sieg über den König Carl Albert errang.

Voll Freuden schrieb hierauf Schwarzenberg an Radetzky. 27. März 1849:

„Mit Stolz und inniger Dankbarkeit blicken Kaiser und Vaterland auf die tapferen Krieger, die eben jetzt in den Ebenen Italiens ihre Stirne mit unverwelklichen Lorbeeren schmücken. Wer nur immer für Oesterreich's Macht und Ehre ein Herz hat, der nennt mit Begeisterung und Verehrung den Namen unseres greisen Feldherrn und wünscht, dass ihn die Vorsehung noch lange zum Heile der Monarchie erhalten mög.

Die ungemeine Raschheit, mit welcher Hochdieselben so glänzende Erfolge errungen haben, setzt Ihren Verdiensten die Krone auf. Sie kommt auch in politischer Beziehung allen unseren Wünschen zuvor, indem alle Nachrichten darin übereinstimmen, dass dem französischen Cabinet nichts mehr am Herzen liegt als durch vollendete Thatsachen überrascht und somit der Verlegenheit überhoben zu werden, welche ihm die italienischen Verwicklungen schon bereitet haben. ...

Was wir wollen ist klar: Aufrechthaltung des Territorialbesitzstandes, wie er durch die europäischen Verträge festgestellt wurde und Entschädigung des uns aufgedrungenen Krieges. Sardinien mag innerhalb seiner alten Grenzen fortbestehen, entsage aber jedem wie immer gearteten Anspruche auf Gebietsvergrösserung."

Bevor wir fortfahren, glauben wir hier den Bericht Radetzky's vom 28. März über die Flucht Carl Alberts, der ausführlicher als jener Schönhals': „Erinnerungen", II, 237 ist, reproduciren zu sollen.

Dieser schrieb: In der Nacht vom 23. auf den 24. wurde beiläufig um 3 Uhr morgens eine elegante, mit vier Postpferden bespannte Equipage auf dem Vorposten angehalten und in das Hauptquartier des Feldmarschall-Lieutenants Grafen Thurn, einem Maierhofe, etwa 1200 Schritte von Novara, gebracht. Ein sehr grosser, etwas gebückt gehender Mann, blassen Angesichtes, mit hoher Stirn und wenigen Haaren auf der Seite, stieg aus dem Wagen und verfügte sich in den Maierhof, wo er sich auf die Einladung des genannten Herrn Feldmarschall-Lieutenants in einer schlechten Küche*) zum Feuer setzte und etwas Kaffee annahm. Er gab sich für einen piemontesischen Oberst Graf de Bars aus, der in der verflossenen Nacht seine Demission gegeben habe. Sein Benehmen war das eines Mannes von feiner Bildung, indess schien er sehr niedergeschlagen. Als ein Adjutant, angeblich des Herzogs von Genua zum Corpscommandanten als Parlamentär kam, bedeckte er sein Gesicht mit der Hand und wendete sich um, in der Absicht, nicht erkannt zu werden. Am unliebsamsten schien es ihm, nach Novara zurückzukehren und wollte er den Pass im Maierhofe erwarten. In seinem Gespräche mit dem Grafen Thurn bemerkte er, dass der jüngste Krieg in sehr unnützer Weise von Zeitungsschreibern und Demokraten herbeigeführt worden sei.

Nachdem er bereits weggefahren war, stellte es sich heraus, dass das der König Carlo Alberto war.

Das Schwert Radetzky's hatte seine Schuldigkeit gethan. Nun kamen die Verhandlungen bezüglich des Friedensabschlusses.

Am 24. März hatte Victor Emanuel auf dem Vorposten eine persönliche Unterredung mit Radetzky, in welcher er offen seinen festen Willen erklärte, der demokratischen Umsturzpartei, welcher sein Vater die Zügel schiessen liess, so dass sie ihn selbst und seinen Thron bedrohten, seinerseits Meister werden zu wollen und dass er hierzu nur einige Zeit und besonders dessen bedarf, bei dem Antritt seiner Regierung nicht discreditirt zu werden, indem er sonst kaum neue, ihm anständige Minister fände. Dies sei der vorzüglichste Grund, warum er die Abänderung der Punkte bezüglich der Festung Alessandria in den Waffenstillstandsbedingungen wünsche, da ihm die Besetzung durchaus des ganzen Platzes von Alessandria nebst der Citadelle als des einzigen Waffenplatzes, den er in Piemont habe, sowohl die Gemüther der Armee, die er doch für die Erhaltung seines Thrones nöthig habe, als auch jene des Volkes und der Kammer entfremden würde.

Radetzky äusserte sich ferner, 28. März, dahin, durch die niedrige Politik des Königs Carl Alberto sei der piemontesische

---

*) Die zugleich als Operationskanzlei diente.

Staat in eine namenlose Verlegenheit seiner finanziellen Verhältnisse gestürzt worden. Jede Indemnisation an Geld daher zur Entschädigung der unsererseits gehabten Kriegskosten wäre ein Traum und nur in einer sehr weit hinausgeschobenen Zeit mit äusserster Mühe zu realisiren und würde nicht nur allein den König und die Regierung, sondern auch das ganze Land, welches gegenwärtig aus Erkenntniss der Ungerechtigkeit des Krieges für uns gestimmt ist, zum persönlichen Feind machen. Was bedeuten auch bei einem Staate wie der unserige, der bereits eine Milliarde Staatsschulden hat, 20 Millionen Gulden (50 Millionen Francs)? und Oesterreich erhält sich die Sympathien. Bei der gegenwärtigen Constellation in Europa und insbesondere in Frankreich, scheint es auch nicht thunlich, die Abtretung eines Gebietes, wie z. B. der früher zu Oesterreich gehörigen Lomellina zu begehren, weil dies politische Conflicte ohne Ende herbeiführen würde. Man möge daher Piemont mit Grossmuth behandeln und da der König ein äusserst eitler Mann sei, soll man ihn als Retter des Landes herausheben, dass man nämlich nur ihm, der den Krieg nicht wollte und nur als gehorsamer Sohn in den Kampf zog, diese Concessionen mache.

Schwarzenberg verkannte nicht die Schwierigkeiten, die sich ergeben werden, um die Kriegsentschädigung zu erlangen und schlug daher vor, dass Sardinien statt baares Geld Kriegsschiffe abtreten möge.

Hierauf erwiderte Radetzky am 31. März, General Dabromida und Graf Revel haben ihm erklärt, dass sie blos an die Grossmuth und Mässigung der kaiserlichen Regierung appelliren und wünschen, dass die äusserst schwierige Lage des Königs in Erwägung gezogen werde. Er, Radetzky, habe daher vorläufig die Besetzung von Alessandria verschoben.

Schwarzenberg wollte jedoch sowohl in Betreff der Kriegsentschädigung, wie in Betreff der Besetzung Alessandria's keine Concessionen machen.

Man könne, meinte er am 5. April, von den Bedingungen: Wiederherstellung des vor dem Kriege bestandenen Territorialbesitzes, sowie genügende Entschädigung für die Kriegskosten, nicht abgehen. Man würde sonst nicht nur die Stimmung der

Armee irritiren, sondern die öffentliche Meinung des ganzen Landes würde ein derartiges Vorgehen verdammen.

„Wenn man sich erinnert", fügte er hinzu, „dass sogar der aufgelöste Reichstag in seinen traurigsten Zeiten darauf drang, dass bei einem künftigen Friedensschluss die Kosten des Krieges von dem ungerechten Angreifer getragen werden müssen, so wird man leicht begreifen, dass kein Ministerium ein Nachgeben in diesem Punkte vor einem künftigen Parlamente zu verantworten im Stande sein würde. Auch vor dem Tribunale der Meinung von ganz Europa, welches durch alle Stimmen, die Beachtung verdienen, unseren Sieg als einen Triumph des Rechtes über die Umsturzgelüste des Radicalismus feiert, würde unsere Condescendenz nur als unverzeihliche Schwäche ausgelegt werden.

Wie Piemont die Mittel herbeischaffen werde, unsere gerechten Forderungen zu befriedigen, ist nicht unsere Sache zu berathen. Da Sardinien die Mittel zu ungeheuren Kriegsrüstungen, um einen ungerechten Krieg zu beginnen, gefunden hat, so wird es auch jetzt, nach seiner Niederlage, Rath zu schaffen wissen, um die Kosten unserer Gegenrüstungen, die überdies nach dem billigsten Massstabe berechnet sind, zu bezahlen. In der einzigen Stadt Genua dürften übrigens auch jetzt noch Capitalien genug vorhanden sein, um diese Kosten im Ueberfluss zu decken."

Von der Besetzung Alessandria's mit gemischter Garnison sei ebenfalls nicht abzugehen.

„Ist der König Victor Emanuel", schliesst Schwarzenberg, „ernstlich entschlossen, wie er es geäussert hat, sich dem Joche des Radicalismus zu entziehen und mit kräftigem Arm die den schwachen Händen seines Vaters entfallenen Zügel der Regierung zu ergreifen, so wird er bei diesem Streben auf die Sympathien und den Beistand des kaiserlichen Gouvernements, das nichts Anderes als den Sieg der Ordnung will, mit voller Zuversicht rechnen können. Der beste Rath ist, keine halben Massregeln zu ergreifen und der Umsturzpartei gegenüber fest und entschieden aufzutreten."

Es ist nicht unsere Aufgabe, hier weiter die Phasen der damals gepflogenen Friedensunterhandlungen zu verfolgen. Wir wollen nur noch folgende Daten hinzufügen: Am 5. Jänner 1858 starb Radetzky und am 1. Jänner 1859 empfing Napoleon den österreichischen Gesandten Freiherrn von Hübner mit dem bekannten Neujahrsgruss, und wie man heute über diese Frage denkt vide Haymerle oben Seite 14.

6. Der Belagerungszustand in Wien.

Die Verhältnisse in Wien schienen sich zu consolidiren. Als Erzherzog Johann am 31. Juli nach Frankfurt abreiste, bemerkte er gegenüber einer Deputation des Ausschusses der Bürger und Studenten etc.: „Ich befinde mich seit sechs Wochen in Wien und habe mich überzeugt, dass ausser Kleinigkeiten die Ruhe nicht gestört wurde. Ich sehe, dass der Reichstag ungehindert berathen kann. Die grössere Lebhaftigkeit in den Strassen liegt vorzüglich in dem Stocken der Gewerbe und des Handels. Ich reise mit Beruhigung ab."

Am 12. August kam dann der Kaiser in Folge dringender Bitten wieder nach Wien zurück. Inzwischen trat ein neues Ministerium Doblhoff-Bach auf den Plan. Die Situation hatte sich jedoch während dieser Zeit nicht gebessert: im Gegentheil. Oesterreich hatte die Folgen des „Systems", welchem es Jahrzehnte lang huldigte, zu tragen. Gewiss wird kein vernünftiger Mensch die Herrschaft der Aula billigen. Junge Leute können, wenn sie dichterische Begabung besitzen, schöne, ja ausgezeichnete lyrische Gedichte verfassen: sie können auch auf wissenschaftlichem Gebiete Anerkennens- und Lobenswerthes leisten. Junge Leute können aber nie und nimmer Staatsmänner sein, denn ein Staatsmann muss eine gewisse Summe von Erfahrungen mitbringen, die ein junger Mann nicht haben kann. Unter den damaligen Alten aber waren die Staatsmänner um so spärlicher vorhanden, da alle Vorbedingungen für dieselben fehlten. Die Stätten der Wissenschaft und Bildung, insoferne solche bestanden, waren verkommen, und der praktische Dienst bot keine Gelegenheit zur Ausbildung, da Alles nur nach der Schablone gearbeitet wurde. „Vom Scheitel bis zur Sohle war daher nichts Gesundes da", und zu all' dem kamen noch: die Nationalitätenfrage, die man bis dahin in Oesterreich trotz seines Völker-Conglomerats nicht kannte, der Krieg um den österreichischen Besitz in Italien der bereits begonnene Kampf in Ungarn*), das unklare Verhältniss Oesterreichs zu Deutschland, dann die Finanz-Calamitäten, und in Wien selbst, wenn auch *in nuce*, die Arbeiterfrage u. s. w. u. s. w. *Last not least,* die unreifen und unausgegohrenen Ansichten über Freiheit, für die sich doch die Jugend ausschliesslich begeisterte und welche auch die neuen Männer theilten. Minister Doblhoff sprach damals: „Der Weltgeist macht die Weltgeschichte", und Minister Bach wieder erklärte: „Die Souveränetät des Volkes steht mit der Souveränetät des Thrones auf gleicher Stufe." Und fast möchte man wirklich glauben, dass der Weltgeist damals die Weltgeschichte machte, da es wie ein Wunder klingt, dass Oesterreich zu jener Zeit nicht von der Erde weggefegt wurde und sich dann desto kräftiger und mächtiger erhob.

Doch wir wollen keine Betrachtungen machen, sondern zu dem Bilde jener Zeit, das im Grossen und Ganzen bekannt ist, einige Details hinzufügen.

Die Ungarn, welche seit den Märztagen in hohem Grade die Sympathien der Wiener besassen, suchten sich dieselben zu erhalten, und war es zumeist Franz Pulszky, der sowohl mit Reichstags-Abgeordneten, insbesondere mit Löhner, wie mit der Presse, Fühlung unterhielt. Für letzteren Zweck eröffnete Kossuth beim Bankhause Wodianer Credit, und war Pulszky ermächtigt, jene Personen, welche in der Wiener Presse die ungarischen Interessen vertraten, materiell zu entschädigen.

Der Hof zu Schönbrunn führte indess ein vereinsamtes

---

*) Selbstverständlich entstand sofort, nachdem für Ungarn ein selbstständiges Ministerium ernannt worden war, für die Militär-Commandanten im Bereiche der Stefanskrone die Frage, wem zu gehorchen. Ludwig Freiherr v Piret, commandirender General im Banat, bemerkte in dieser Beziehung am 30. Mai dem Oberstlieutenant Poppovich zu Pancsova: „Das General-Commando wird nach wie vor die Interessen der Grenze beschützen. Das ungarische Ministerium kann nur mittelbar durch das General-Commando und nur im Geiste der für die Grenze bisher bestandenen Gesetze Weisungen erlassen . . . . Wir haben also im grossen allgemeinen Interesse der gesammten Monarchie jederzeit nur auf die Stimme unseres Kaisers und Königs zu hören. Denn wenn wir jederzeit dieser als unserem heiligsten Gebote folgen, können wir nie irren, wie dieses die Erfahrung beweisen dürfte, welche uns in der gegenwärtigen, von so unheilvoller Begriffsverwirrung heimgesuchten Zeit noch vorbehalten scheint." Diese Ansicht theilten ausnahmslos die österreichischen Generale, für sie war nur der Kaiser von Oesterreich massgebend.

Leben. Am Tische des Kaisers fanden sich in der Regel ein: Erzherzog Franz Carl und Erzherzogin Sophie, Fürst Lobkowitz. Graf Falkenhayn und der Adjutant Graf Pergen. Man hörte da klagen und klagen, aber Niemand wusste wie zu helfen. Die unbeschränkte Press- und Theaterfreiheit, die Volksversammlungen und Clubs häuften immer mehr und mehr die Angst und Besorgniss und Ende September machte sich in Kreisen, die dem Hofe nahe standen, die Ansicht geltend, dass nur Bajonnete und ein Blutbad helfen können.

Es kam dann der 6. October. Um halb 6 Uhr morgens schrieb der Minister Doblhoff an Streffleur, den Obercommandanten der Nationalgarde: „Nachdem gegen Abmarsch von Richter-Grenadiere (nach Ungarn), welcher heute morgens um 7 Uhr stattfinden soll, wüste Demonstrationen bevorstehen sollen und nachdem dadurch eine allgemeine Verwirrung zu besorgen stünde, so muss ich Sie ersuchen, alles dasjenige in Bereitschaft zu halten, was nach allfälligem Ausbruche von bedenklichen Auftritten zur Alarmirung und Disponirung der Garden erforderlich ist."

Diese Aufforderung kam zu spät. Es folgte dann die Ermordung Latour's und die Flucht des Hofes nach Olmütz. Es muss jedoch hervorgehoben werden, dass auch nicht die leiseste republikanische Tendenz sich geltend machte: der Aufruhr war fast ausschliesslich gegen die Militär-Suprematie gerichtet*) und nach wie vor war der Kaiser, nach dem Worte Grillparzer's, der Halm, der die Garbe umschloss. Nicht überflüssig erscheint es uns, zu constatiren, dass an diesem Tage, wie an den folgenden, sonst kein Attentat gegen Eigenthum und Besitz vorkam. Der Mord am Kriegsminister, sowie der Versuch, auch gegen andere Minister, insbesondere gegen Bach, in ähnlicher Weise vorzugehen, war ausschliesslich in politischen Motiven begründet.

---

*) Gelegentlich wollen wir erwähnen, dass ein Techniker am 26. September einen Aufruf an die Wiener Garnison erliess, in welchem es hiess: „Auch euere Pflicht ist es, der Reaction entgegenzutreten, denn der geliebte Kaiser hat sie selbst gerichtet — vor seinem Schlosse weht die d e u t s c h e Fahne, seine Brust ziert das d e u t s c h e Band. Hoch unser constitutioneller Kaiser!" Das Kriegsministerium hielt den Hinweis auf die deutschen Brüder in Berlin in dem angeführten Aufruf für strafbar und wünschte das Einschreiten des Staatsanwalts; doch dieser theilte nicht diese Ansicht.

Der Reichstag erliess hierauf am 7. October eine Proclamation an die Völker Oesterreichs, und am 8. October richtete er eine Adresse an den Kaiser, in welcher er um dessen Rückkehr bat. Beide Schriftstücke wurden gedruckt und überall hin zur Beschwichtigung und Beruhigung geschickt. Finanzminister Krauss, der zu jener Zeit alle Minister vertrat (da sie in Folge der Ermordung Latour's flüchteten oder dem Hofe folgten), respective sämmtliche Ministerien versah, sendete „in Vertretung des Kriegsministers" Exemplare dieser Schriftstücke an den Marine-Commandanten in Triest. Feldmarschall-Lieutenant Martini mit der Aufforderung, dieselben mittelst Armeebefehles dem Militär kundzugeben. Doch Martini weigerte sich, diesem Auftrage nachzukommen, da ihm kein Befehl zugekommen war, dem Finanzminister Krauss Gehorsam zu leisten. Er hielt auch die Petition an den Kaiser nicht für angemessen, da er den Moment, „wo die schrecklichen Ereignisse wilder Anarchie in Wien stattfanden und der Kaiser jeder materiellen Gefahr ausgesetzt war, nicht für die Rückkehr desselben in die Residenz für geeignet hielt".

Radetzky billigte dieses Vorgehen umsomehr (17. October), da Finanzminister Krauss zur Publikation der Adressen nicht vom Kaiser ermächtigt war. Es mag auch hervorgehoben werden, dass Radetzky selbst an diesem Tage, 17. October, noch keine officiellen Mittheilungen über die Katastrophe in Wien erhalten hatte. Nichtsdestoweniger aber richtete er am 16. October eine Proclamation an die Wiener Garnison, betreffend die Vorgänge am 6. October.

Inzwischen machte jedoch der Commandirende von Wien, Graf Auersperg, am 12. October Radetzky darauf aufmerksam, dass bei dem Umstande, da dermalen kein ordentliches Kriegsministerium besteht und das diesfällige Portefeuille nur provisorisch dem Finanzminister Krauss übertragen sei, mit dem natürlich nur Gegenstände administrativer Natur verhandelt werden können, so möge Radetzky Berichte von irgend welcher militärischen Wichtigkeit nicht an das Kriegsministerium richten, sondern derlei Gegenstände ihm (dem Grafen Auersperg) mittheilen, da er in der Lage sei, darüber die kaiserlichen Befehle unmittelbar einzuholen.

Um Näheres und Authentisches zu erfahren, sendete

Radetzky am 14. October den vertrauten Generalstäbler, Major Graf Huyn, zu Windischgrätz, respective nach Olmütz, um etwas Genaues über die Stellung des Hofes, über die weiteren Unternehmungen der Armee, sowie über die politischen Absichten in Betreff der künftigen Gestaltung der Verhältnisse zu erfahren.

Inzwischen hatte Windischgrätz die Mission übernommen, die Ruhe in Wien und dann in Ungarn herzustellen. Er erhielt die weitesten Vollmachten und wurde ihm sogar auch die Bedingung gewährt, dass das zu bildende Ministerium, in welchem Fürst Felix Schwarzenberg, der Schwager Windischgrätz' und der Freund Radetzky's, den Vorsitz einnehmen sollte, bei jeder bedeutenden Massregel die Ansichten Windischgrätz' zu vernehmen habe.

Selbstverständlich herrschte zu jener Zeit am Hoflager zu Olmütz grosse Verwirrung und wurde zunächst erwartet, dass Windischgrätz den Schlag gegen Wien führe. Man ging ferner von der Ansicht aus, dass der Reichstag, den man zu drei Viertel der Ruhe und Ordnung ergeben betrachtete, zur Fortsetzung seiner Berathungen nach Kremsier berufen werde. Mittlerweile werde das neue Ministerium entstehen, welches nicht scheuen würde, seine Ansicht auszusprechen, und dieser gemäss wirklich zu regieren. Um dieses aber zu ermöglichen, waren drei Gesetze nothwendig: ein Press- und Associationsgesetz und ein Gesetz über Volksbewaffnung.

Am 19. October begab sich Windischgrätz zur Armee. Mit den Truppen, die ihm der Banus von Croatien, Jellačić*), zugeführt hatte, bestand die Armee aus 62 Bataillonen, 60 Escadronen und 166 Geschützen. Windischgrätz fand den Augenblick kritisch und entscheidend, aber er hatte die feste Ueberzeugung, dass man mit den bereits gewährten Freiheiten ein Land wie Oesterreich nicht regieren könne. (Schreiben Windischgrätz' an Radetzky, Lundenburg, 20. October.) Er beabsichtigte, sehr entschieden, sowohl im Cabinete, wie auf dem Felde, zu handeln.

---

*) Am 12. October wendete sich der Stellvertreter des Banus an Radetzky, 200.000 fl. vorzuschiessen, da die Grenztruppen 30.000 Mann zählten, das gesammte vorhandene Geld aber blos 3000 fl. betrug. Radetzky lehnte zunächst diese Bitte ab. Als sie jedoch vom Landes-Archivar Kukuljevic, Bevollmächtigten des Banus, am 19. October wiederholt wurde, befahl Radetzky, 100.000 fl. auszufolgen.

Wien sollte daher cernirt und mit den energischesten Mitteln zur Uebergabe gezwungen werden, und da die meisten besser Gesinnten Wien verlassen hatten, so hatte man es nur mit einer Masse fanatischer Studenten und Arbeiter zu thun, die gebändigt werden müssten.

Dass der Fürst thatsächlich „entschieden" vorzugehen Willens war, geht unter Anderem auch aus einer Weisung, die er am 1. November Nachmittags um $^3/_4 4$ Uhr an den Feldmarschall-Lieutenant Csorich erliess, hervor, des Inhalts, falls die Aula zur Vertheidigung entschlossen wäre, so solle deren vollständige Abschliessung bewirkt und dann zu deren Bewältigung, nach Umständen selbst mit Zuhilfenahme von Mörser-Batterien, geschritten werden. Die Truppen fanden jedoch nur geringen Widerstand in der Aula.

Dieser Erlass charakterisirt jedoch den Fürsten, denn wahrlich, ein äusserer Feind hätte nicht, sagen wir es offen: ärger gegen ein derartiges Gebäude mitten in der Stadt vorgehen können.

Windischgrätz betrachtete dann Wien als eine „mit Gewalt der Waffen" eroberte Stadt und behandelte sie demgemäss.

Sich selbst aber betrachtete er, nachdem er Wien „erobert" hatte, als das von der Vorsehung erwählte Werkzeug zur Wiederherstellung der gesetzlichen Ordnung und der rechtmässigen Regierungsgewalt. Der Lösung dieser Aufgabe wollte er alle seine Kräfte widmen. Zu diesem Zwecke erbat er sich am 31. October. dass sämmtliche Regierungsorgane zu seiner Unterstützung angewiesen und jede Störung seiner Massregeln verboten werde. die Drohung hinzufügend, dass er sich sonst von dem begonnenen schweren Werke zurückziehen müsste. In ganz Oesterreich, mit Ausnahme in Lombardo-Venetien, wo Radetzky uneingeschränkt herrschte, sollte von jetzt ab nur Eine Ansicht gelten, nur Ein Wille massgebend sein, jener des Fürsten Windischgrätz; und doch hatte dieser bis dahin keinen Beweis dafür gegeben, dass er ein grosser Staatsmann oder ein Held auf dem Schlachtfelde sei. In Prag wie in Wien hatte er mit grosser militärischer Uebermacht über eine militärisch nicht geschulte und disciplinirte Minorität gesiegt. In Prag widerfuhr ihm überdies das Unglück, dass seine Gemahlin zufälligerweise von einer Kugel getroffen wurde, was gewiss zu bedauern war. Diese Momente veranlassten ihn, zu glauben, er habe eine providentielle Mission, und was das Eigenthümliche ist, in massgebenden Kreisen theilte man diesen Glauben. Wie arm an Capacitäten war man damals in Oesterreich! . . . .

Schon am 29. October gratulirte Radetzky dem Fürsten Windischgrätz zu dessen Ernennung zum Feldmarschall in schwungvollen Worten hinzufügend, dass seine eigene Stellung (Radetzky's) von der raschen Lösung der obschwebenden Fragen in Wien und Ungarn, die Windischgrätz übernommen, abhänge; ferner von einem Ministerium, welches das Geschick Italiens s c h n e l l zu entscheiden die Entschlossenheit hätte (den Gang der Friedensverhandlungen hielt Radetzky viel zu schleppend), da die Lage der Armee, selbst wenn sie siegt, precär sei. *) In Folge der Wiener Ereignisse seien überdies die österreichischen Provinzen in Italien in der grössten Gährung und die Folgen seien: Ausfälle von Venedig, ein Aufruhr im Veltlin mit der Erklärung der Republik in Chiavenna und Aufstände in den Gebirgen bei Como und Varese.

Am 3. November wendete sich dann Radetzky an Windischgrätz mit der Bitte, nachdem kein Kriegsminister vorhanden und Windischgrätz sich in der Nähe des Hofes und der Administration befinde, dahin zu wirken, dass die in der Armee Radetzky's fehlenden Generale ersetzt werden.

Nachdem Radetzky erfahren hatte, dass Windischgrätz Wien „erobert" hatte, beglückwünschte er diesen und sein „tapferes Heer" am 7. November: „Aus dem Blute Latour's wird die Freiheit erwachsen . . . In ruhiger und würdiger Berathung, nicht mehr gestört durch das Gebrüll erkaufter Horden, wird sich nun die Verfassung entwickeln, die die Güte des Kaisers seinen Völkern zusicherte. Das, mein Fürst, werden die Resultate der Siege sein, die Sie erfochten, die Ihnen und Ihrem Werke einen schönen Platz in Oesterreichs Jahrbüchern anweisen."

Dass sich Radetzky in diesen seinen Anschauungen geirrt hat, brauchen wir nicht zu sagen; aber mit Bedauern müssen wir constatiren, dass kaiserliche Soldaten, abgesehen von Jellačić's

---

*) Am 30. October berichtete Welden aus Görz an Windischgrätz über die schlechte Lage der Armee in Italien, die 60.000 Mann zählte, bemerkend: „Mit einer solchen herabgekommenen Armee kann man zwar den Feind schlagen, aber nicht sich behaupten."

Grenzern, in der „eroberten" kaiserlichen Residenzstadt hausten, wie unter civilisirten Völkern auch in Feindesland nicht vorgegangen wird. (Vergl. Dunder: „Denkschrift über die October-Revolution", S. 754 bis 777.) Dieser Geist wurde zumeist von den Führern grossgezogen, und wie wir hinzufügen müssen, wirkte er noch lange Zeit nachher fort. Alles, was ein Bajonnet trug, betrachtete sich damals als Retter des Vaterlandes, und Jeder, der nicht Denunciant war, wurde als verdächtig betrachtet.

Doch gehen wir darüber hinweg. Windischgrätz zog als Sieger in Wien ein und der Belagerungszustand, in Verbindung mit dem Standrechte, wurde proclamirt. *) Zum Civil- und Militär-Gouverneur wurde Freiherr v. Welden mittelst kaiserlicher Entschliessung vom 3. November berufen, zu dem Windischgrätz besonderes Vertrauen hatte. **) Windischgrätz schrieb demselben am 5. November nach Graz ***), wo sich derselbe damals befand, sich mit aller Beschleunigung nach Wien zu begeben, da er auf dessen kraftvolle und umsichtige Mitwirkung zur Herstellung eines geregelten Zustandes mit aller Sicherheit rechne.

*) Am 16. November waren von Seiten der Bevölkerung der Militärbehörde folgende Waffen eingeliefert: 66 Kanonen, 1113 Säbel und ledige Klingen, 3153 Pistolen, 496 verschiedene Stichwaffen, 822 Gewehre, die Privateigenthum waren, und 62.680 ärarische Gewehre. Da jedoch der Nationalgarde 64.000 Gewehre ausgefolgt wurden, so fahndete man nach den noch fehlenden mit der grössten Strenge.

**) Radetzky und Welden schieden unter einem Missklange. In den letzten Octobertagen hatte sich Welden nach Graz begeben und in der Zwischenzeit wurde die Cernirungslinie bei Mestre durchbrochen. Radetzky machte deshalb am 29. October Welden, dem er stets sein Vertrauen geschenkt hatte, Vorwürfe und bemerkte: „Es thut mir leid, dass wir so von einander scheiden müssen, um uns wahrscheinlich in diesem Leben, wenigstens in dienstlicher Beziehung, nicht mehr zu begegnen." Hierauf antwortete Welden von Wien aus am 12. November, er wüsste nicht, dass ihm Radetzky sein Vertrauen geschenkt hätte, da er nie in Kenntniss war, was bei der grossen Armee geschah oder geschehen sollte. Er hatte nicht einmal Kenntniss, ob Waffenstillstand sei oder nicht; er habe auch nie eine *Ordre de bataille* von der grossen Armee erhalten.

***) Welden fand, 8. November, auch die Zustände in Graz nicht rosig, und meinte, dass die Rückkehr so mancher revolutionärer Elemente aus Wien diese elend administrirte Provinz in neue Aufregung versetzen dürfte, und da Steiermark an Ungarn grenzt, so habe dieses auch nach dieser Richtung hin Bedeutung. Graz vereinige alles Schlechte in sich, und bedürfe es nur des unbedeutendsten Ereignisses, um Alles wieder auflodern zu machen.

Nicht unerwähnt möchten wir lassen, dass Windischgrätz am 8. November an die Officiere einen Befehl erliess, des Inhalts, es sei der anarchistischen Partei gelungen, Soldaten zum Treubruche zu verleiten. Die Officiere sollen daher in häufigerem Verkehre mit der Mannschaft leben, um sie in solcher Weise besser zu überwachen und nachhaltig auf sie Einfluss zu üben. In gewöhnlicher Zeit, apostrophirte der Fürst die Officiere, mag gewöhnliche Thätigkeit genügen, jetzt aber sei der Armee eine hohe und ebenso schwierige Aufgabe zugewiesen.

Feldmarschall-Lieutenant Welden trat am 11. November seinen Posten als Militär- und Civil-Gouverneur von Wien an und handhabte mit aller Energie Belagerungszustand und Standrecht. Im Stadtgraben knatterten gar oft die Gewehre, um Jene, die zu Pulver und Blei, oder zum Strange verurtheilt, aber zu Pulver und Blei „begnadigt" wurden, vom Leben zum Tode zu führen. (Wie bekannt, wurde für Robert Blum eine Ausnahme gemacht. Dieser wurde am 9. November in der Brigittenau erschossen.) *) Nachdem jedoch die ersten Schreckenstage vorüber waren und die Haupträdelsführer oder die als solche angesehen wurden, entweder die Flucht ergriffen hatten oder von den Militärbehörden in Gewahrsam gebracht oder bereits justificirt waren, legten sich besonnene

---

*) Als Welden am 11. November das Militär-Gouvernement übernahm, befanden sich 1381 Personen in kriegsrechtlicher Untersuchung. Bis November 1849 wuchsen weitere 664 Personen zu; im Ganzen waren es 2045 Personen. Von diesen wurden 532 verurtheilt, 193 befanden sich zur Zeit noch in Untersuchung und 1320 wurden freigesprochen. (Wie jedoch hinzugefügt werden mag, wurden von November 1848 bis April 1849 2375 Personen zur Haft gebracht, abgesehen von Jenen, welche wegen blossen Verdachtes aufgegriffen und dann sofort entlassen wurden.) Unter den 532 verurtheilten Personen wurden 72 zum Tode verurtheilt. Es wurden jedoch nur 25 Todesurtheile vollzogen (darunter 9 Militärpersonen), 3 unbedingt begnadigt, bei 44 wurde die Todesin Kerkerstrafe umgewandelt, bei 167 wurde die Strafe gemildert, bei 9 die Strafe ganz nachgesehen, 38 rücksichtlich des Strafarrestes begnadigt. Welden bezweifelte, 15. November 1849, dass die grosse Anzahl von Begnadigungen Früchte getragen, weil sich die Fälle von Auflehnung gegen die öffentliche Gewalt wiederholten. Allerdings hatte man damals sonderbare Ansichten über Auflehnung gegen die öffentliche Gewalt. Dem Schreiber dieser Zeilen wurde es noch in den Fünfziger-Jahren hart verwiesen, weil er auf der Hausflur beim Eingange zum Vorzimmer eines Polizei-Bureaus die Kopfbedeckung nicht ablegte.

Männer die Frage vor, ob es nicht an der Zeit wäre, eine etwas mildere Praxis eintreten zu lassen. Der Zweck des Krieges kann doch nicht der Krieg sein, und selbst wenn ein Krieg gegen eine auswärtige Macht geführt wird, denkt man doch auch daran, wie und in welcher Weise der Friede wieder herzustellen wäre: hier aber kehrte sich die ausserordentliche Strenge der Militärbehörden gegen die eigenen Bürger des Landes, gegen die Bewohner der kaiserlichen Haupt- und Residenzstadt. Wohl gab es damals in Wien, wie dies immer in solchen Zeiten zu sein pflegt, massenhaft Leute, die der Militärgewalt zujubelten, und darunter Viele, die früher der Aula und der akademischen Legion zugejubelt hatten. Die „Naderer" und „Spitzel" wuchsen aus der Erde heraus, und das Denunciantenthum zeigte sich in seiner ekelhaftesten Gestalt. Einsichtsvollen Männern musste es jedoch klar sein, dass der Zustand nicht haltbar sei, und dass etwas geschehen müsse, die Gemüther zu beschwichtigen, um einzelnweise zu geordneten Zuständen zu gelangen.

Mitte November sah sich aus den angeführten Gründen der Justizminister Bach veranlasst, bei dem Civil- und Militär-Gouverneur anzufragen, ob bei dem Kriegsgerichte und dem standrechtlichen Verfahren auf „constitutionellem Wege" zu Werke gegangen werde. Welden war erstaunt über die Unwissenheit des Justizministers, der beim Standrechte vom constitutionellen Verfahren sprach, und ganz ungehalten sprach er sich, 21. November, über die vorgebrachte Zumuthung aus. Diese Frage sei bei den schändlichen Angriffen derjenigen, welche das Volk zum Aufruhr und Mord verleiteten, nicht gestellt worden, und man wolle noch immer nicht begreifen, dass man vollkommen im Recht sei, wenn man der wüthendsten, rohesten Volksgewalt die Gewalt des Gesetzes (Belagerungszustand und Standrecht) gegenüberstelle. „Jeder Militär", rief er aus, „der als ein Opfer der Willkür fällt, der hat es verdient; jeder Schurke aber, der nach dem Gesetze erschossen wird, bleibt ein Märtyrer der heiligen Sache."

Gedrängt vom Fürsten Schwarzenberg, respective von dem damals noch in der Bildung begriffenen neuen Ministerium, das sich „an die Spitze der Bewegung" stellen wollte, legte Fürst Windischgrätz dem Civil- und Militär-Gouverneur die Frage vor, ob nicht einstweilen das standrechtliche Verfahren auf dem Wege der Gnade vom 1. November rückwärts aufgehoben werden könnte. Es sollte durch diese Massregel dem neuen Ministerium der Weg zum Herzen des Volkes geebnet werden. Welden erklärte hierauf. 21. November, dass dieser Act der Gnade des Fürsten allerdings ausführbar sei, aber desto wirksamer wäre es, wenn der Begriff des Standrechtes, der dem Publikum fremd zu sein scheint, bei dieser Gelegenheit mehr entwickelt würde. Wenn nämlich dasselbe nach dem Wortlaut des Gesetzes gehandhabt werden soll, so fände nicht einmal ein Begnadigungsrecht statt, weil der demselben Verfallene an keine Gnade appelliren kann und das Urtheil vollzogen werden muss. Diese Aufhebung sollte jedoch blos für die Vergangenheit vom 1. November rückwärts Geltung haben, nicht aber für die Folgezeit, da Verbrechen, die später begangen wurden, um so schwerer seien, da sie mit vollkommener Ueberlegung und allen Warnungen und Beispielen zum Trotz dennoch erfolgten. Dieser Gnadenact sollte auch erst nach Vollziehung der Urtheile über Becher und Jellinek erfolgen, welche sich der Civil- und Militär-Gouverneur keineswegs entgehen lassen wollte.

Windischgrätz eröffnete hierauf dem Civil- und Militär-Gouverneur am 23. November, er sei der Ansicht, dass die Zahl der bereits vollzogenen Executionen genügen werde, um jenen ernsten und warnenden Eindruck hervorzubringen, dessen es bedurfte, um der Wiederkehr der Gesetzlosigkeit vorzubeugen, und soll es daher vom standrechtlichen Verfahren gegen die am letzten Aufstande Betheiligten abkommen, und Alle, die aus diesem Grunde verhaftet oder gefänglich eingezogen wurden, sollen der ordentlichen kriegsrechtlichen Untersuchung unterzogen werden. In Ansehung der Rädelsführer jedoch, finde keine Ausnahme statt, weil hierdurch die beruhigende Wirkung des Standrechtes nicht geschwächt (!) werden soll. Becher und Jellinek konnten daher anstandslos hingerichtet werden.

Wenn nicht viel, wurde doch etwas erreicht. Das Standrecht blieb von nun an nur aufrecht in Fällen von Waffenverheimlichung, Verleitung von Soldaten zum Treubruch, Aufreizung zum Aufruhr und aufrührerischer Zusammenrottung, und konnte bei der Urtheilsschöpfung auf Milderungsgründe Rücksicht genommen werden.

Sehr arg waren die Pressverhältnisse. Mit Ausnahme der „Wiener Zeitung" wurden alle Journale unterdrückt und nur einzelweise wurden Concessionen zum Wiedererscheinen eines bereits früher bestandenen Journals oder zur Gründung eines neuen gegeben; ebenso wurden nur wenige ausländische Journale innerhalb des Belagerungs-Rayons zugelassen. Hingegen gestattete Windischgrätz am 16. November den Redacteuren, welchen die Herausgabe von Journalen gestattet war, auch die einlangenden auswärtigen Zeitungen auszufolgen, jedoch blos zum persönlichen Gebrauch der Redacteure, und durften sie keineswegs weiter verbreitet werden.

Es war damals traurig und trübe mit der Journalistik in Wien bestellt, und waren die Verhältnisse weit ärger als zur Zeit der Censur unter Sedlnitzky. Und im grössten Theile jener Journale, welche erscheinen durften, ging zumeist die Gemeinheit der Gesinnung mit der Rohheit des Ausdruckes Hand in Hand. Die Unterwürfigkeit und Kriecherei vor den damaligen Machthabern kannte keine Grenzen. Jeder Soldat wurde als Held gepriesen, und Jeder, der die damaligen Zustände nicht verherrlichte, verdächtigt. Jene Blätter wieder, welche in diesen Chorus nicht einstimmten, wie Kuranda's „Ostdeutsche Post" und Schwarzer's „Allgemeine österreichische Zeitung", hatten einen schweren Stand, da sie ausschliesslich von der Gnade des Civil- und Militär-Gouverneurs, respective von jener des Fürsten Windischgrätz, abhingen. Sie konnten jeden Augenblick suspendirt werden.

Dazu kam noch das schlechte Gewissen, oder sagen wir: die Empfindlichkeit der Militärbehörde, die in jeder Zeitungsnotiz die Aufforderung zum Aufruhr erblickte und ein williges Gehör den Denuncianten schenkte. Gewiss war die Stimmung in Wien keine beruhigte. Wie wäre dies auch möglich gewesen? Man kommt nicht aus einer derartigen Sturmzeit, wie sie im Jahre 1848 war, plötzlich in geordnete Verhältnisse, wo Alles ruhig seinen Gang geht, als wäre nichts vorgefallen. Die Militärbehörde hat es auch nicht verstanden, die aufgewühlten Gemüther zu besänftigen: im Gegentheil. Ohne Wahl wurden Personen gefänglich eingezogen, von denen allerdings viele bald entlassen wurden: aber die Aufregung wuchs dadurch. Bei dem weitaus grössten Theil der Hinrichtungen konnte das Publikum nicht die Schuld der Hingerichteten herausfinden, und man wird wohl heute zugeben, dass der Bestand Oesterreichs nicht gefährdet und seine Stellung nicht erschüttert worden wäre, falls man Robert Blum, Messenhauser, Becher, Jellinek etc. nicht hingerichtet hätte.

Wären nicht Füster, Goldmark etc. Abgeordnete gewesen, so hätte sie Niemand vor der Hinrichtung gerettet. Füster war thatsächlich bereits eingefangen. Für ihn trat jedoch Smolka, der Präsident des Reichstages, beim Fürsten Windischgrätz ein. Wohl bestand damals noch nicht das Gesetz der Immunität für die Abgeordneten, aber er konnte sich darauf berufen, dass in allen civilisirten Staaten Abgeordnete, wenn sie nicht auf frischer That ertappt werden, die Immunität geniessen. Was aber Goldmark betrifft, so berichtete Welden am 20. December: „Die nach Kremsier zur Confrontation gesendeten Zeugen über die Vorgänge bei dem Morde des Grafen Latour haben insgesammt den Deputirten Goldmark als denjenigen erkannt und ihre Aussagen sogleich gerichtlich zu Protokoll gegeben, welcher die wüthende Menge zum Morde aufreizte.*) Ich will nun wohl sehen, ruft der Civil- und Militär-Gouverneur aus, ob dieser gemeine Verbrecher, weil er mit so viel anderen im Reichstage sitzt, auch noch unantastbar sei."

Wie wir jedoch wissen, da der Process Goldmark einer Revision unterzogen wurde, haben jene Zeugen nicht die Wahrheit ausgesagt; es befanden sich im Reichstage überhaupt keine gemeinen Verbrecher. Für Welden war indess Goldmark ein gemeiner Verbrecher, Fischhof ein elender Kerl und der Reichstag überhaupt ein schlechtes Gesindel. Gegen diese Bezeichnungen ist das Wort Schönhals' („Erinnerungen", II., 120) eine „Handvoll Taugenichtse" gewissermassen als *epitheton ornans*, als eine Höflichkeit zu betrachten. **)

---

*) Vergleiche Helfert's „Geschichte Oesterreichs", III., Seite 414, der die Namen der Männer nennt, die entschieden falsch gezeugt haben. Eigenthümlich genug gedenkt Helfert auch nicht mit Einem Worte der Rehabilitirung Goldmark's im Jahre 1868. Die Schrift „Der Process Goldmark, actenmässig dargestellt vom Vertheidiger Dr. Hermann Kuepler (Wien, 1868)" ist ein werthvoller Beitrag für die Geschichte der Rechtspflege oder eigentlich der Vergewaltigung in Oesterreich zu jener Zeit und gibt Zeugniss für den Umschwung, der dann erfolgte.

**) Welden war sich auch seiner Stellung dem Ministerium des Innern her bewusst (Graf Stadion war, wie bekannt, keine *persona grata* beim

Der Reichstag zu Kremsier war überhaupt der Militärbehörde ein Dorn im Auge. Hatte man doch daselbst gewagt, sich abfällig über das Vorgehen Windischgrätz' nach der Einnahme Wiens (bei Gelegenheit der Verhandlungen über die Aufhebung der Todesstrafe) auszusprechen. Man machte den Reichstag für den „schlechten Geist" der Bevölkerung des Kaiserstaates verantwortlich. Nicht gering waren daher die Sorgen, als der Reichstag für die Weihnachtszeit auf vierzehn Tage sich vertagen sollte. In Kremsier hielt man dieses schlechte Element am wenigsten schädlich, da man nicht annahm, dass die guten Hannaken sich würden verführen lassen. Wenn aber das „schlechte Gesindel" zur Ferienzeit zurückkehrt und insbesondere wieder nach Wien kommt, so befürchtete man, dass es die Zeit vorwiegend zu neuen Wühlereien benützen und die Glut der Empörung auf's Neue anfachen werde. Welden glaubte daher, für diese Zeit besondere Vorsichtsmassregeln zu treffen und die Polizei verstärken zu sollen. Er sah sich umsomehr zu diesem Vorgehen veranlasst, da ihm am 15. December von Seiten der Central-Commission der Stadt-Commandantur die Anzeige gemacht wurde, dass am Sonntag den 17. December, Nachmittags zwischen 1 und 3 Uhr, ein Krawall auf der Bastei stattfinden werde, um die eben fertiggestellten Reduits zu stürmen. Nun wäre allerdings ein Krawall dem Civil- und Militär-Gouverneur sehr gelegen gekommen, denn er hätte dann Gelegenheit gehabt, noch energischer als bis dahin vorzugehen: ganz sicher fühlte er sich jedoch nicht. Er wendete daher ein Schreckmittel an. Er hielt nämlich am 16. December eine Wachparade ab, bei welcher 10.000 Mann anwesend waren, und liess zwei Batterien ausrücken. Es geschah aber nichts, das Gerücht war eben blos ein Gerücht, eine Denunciation wie so viele andere.

Wenn wir sagten, dass die Militärpartei aus tiefster Seele den Reichstag hasste [*], so war Welden nichtsdestoweniger bemüht,

---

Fürsten Windischgrätz). Als Beleg führen wir an, das Ministerium des Innern verlangte vom niederösterreichischen General-Commando, eine mobile Colonne in das Viertel unter dem Manhartsberg zu senden, da bemerkte Welden, 2. December, dass es dieser Stelle keineswegs zukomme, über die numerische Stärke der Assistenz, über ihre Dislocation, ja sogar über ihr Verbleiben sich so massgebend auszusprechen.

[*] Das Vorurtheil gegen die Reichstags-Abgeordneten machte sich auch in den Gerichtssälen heimisch. Rudolf Brestel, der nachmalige Finanzminister,

das Mandat in Wien, welches durch den Rücktritt Pillersdorff's erledigt war, dem Minister-Präsidenten Fürsten Felix Schwarzenberg zu verschaffen. Am 19. December fand die Wahlbesprechung statt, bei welcher auch Pillersdorff das Wort nahm. Er suchte sein Vorgehen zu rechtfertigen und „unterfing" sich, dabei die Bemerkung zu machen, „dass wenigstens während seines Ministeriums kein Blut geflossen sei." Da auch der Justiz-Präsident Graf Taaffe das Wort nahm und eine lange Rede hielt, so konnte an diesem Tage, respective Abende, das Scrutinium nicht mehr vorgenommen werden. Welden hielt sich seiner Sache jedoch sicher, und am 20. December meldete er dem Fürsten Schwarzenberg, er (Welden) habe die bestimmte Zusicherung erhalten, dass die Mehrheit der Stimmen dem Minister-Präsidenten zufallen werde. Der Civil- und Militär-Gouverneur war aber diesmal, wie so oft, schlecht berichtet. Gewählt wurde Anton Ritter v. Schmerling. (Schmerling hatte sich, wie wir hinzufügen wollen, für die Weihnachtszeit in Frankfurt Urlaub erbeten, um sich dem Kaiser in Olmütz vorzustellen. In Prerau angekommen, musste er auf den Zug warten, der ihn nach Olmütz bringen sollte, und da erfuhr er zu seiner grossen Ueberraschung, dass er in Wien gewählt worden sei. Er kam dann nach Wien und dankte den Wählern für das ihm spontan geschenkte Vertrauen, bemerkte jedoch, dass er zunächst nicht in der Lage sei, den Sitz im Reichstage einzunehmen, da er wieder nach Frankfurt, wo er als Vertreter Oesterreichs beim Reichsverweser war, zurückkehren müsse. Dieses wurde ihm gewährt. Ritter v. Schmerling erhielt dann die officielle Anzeige seiner Wahl unter der Adresse: „Anton Schmerling", da der Reichstag von Kremsier den Adel aufgehoben hatte. Am 4. März 1849 erhielt er Urlaub, um nach Kremsier zu gehen, aber bevor er kommen konnte, wurde der Reichstag aufgelöst.) Ein Trost war jedoch Welden geblieben, weshalb er diese Wahl als gut bezeichnete, dass nämlich Pillersdorff nicht gewählt wurde. Wenn man weiss, wie allgewaltig damals der Civil- und Militär-Gouverneur war, so wird man begreifen, welche Demonstration

---

als Zeuge im Process Fischhof vernommen, wurde nicht zum Eid zugelassen, weil die Zulässigkeit desselben in Frage stand. (Vergl. Knepler: „Der Process Goldmark", Seite 72.)

Wolf, Aus der Revolutionszeit.

es war, als die Bürger Wiens, trotz Welden's Commando, es ablehnten, für den Minister-Präsidenten zu stimmen.

Nach wie vor ertönten daher die Klagen über den schlechten Geist in Wien, wofür zum Theil die Presse und zum Theil „der Scandal" (der Reichstag in Kremsier) verantwortlich gemacht wurden. So hatte der Redacteur der „Presse", welcher zu den Gutgesinnten zählte, sich vermessen, das Journal in einem vorlauten Tone zu halten. Nachdem nämlich das Ministerium Schwarzenberg-Stadion in's Leben getreten war (22. November), welches in seinem Programm am 27. November sich „aufrichtig und ohne Rückhalt" für die constitutionelle Monarchie aussprach und, weit entfernt, liberale Institutionen zu verdammen, sich vielmehr an die Spitze der Bewegung stellen wollte, befürwortete die „Presse" vom 29. November „sogar" die Aufhebung des Belagerungszustandes, welcher, nach der Ansicht Welden's, von allen Gutgesinnten „je länger, je lieber" gewünscht würde. Die Redaction erhielt daher wegen dieser Vermessenheit eine ernstliche Verwarnung.

Zu jener Zeit erschienen zwei Journale in Wien: „Schild und Schwert" und „Die Geissel", die ihre ultrareactionäre Tendenz: welcher damals so ausserordentlich gehuldigt wurde, dadurch am besten an den Tag zu legen glaubten, wenn sie Anwürfen und Beschuldigungen auf einzelne Classen der staatsbürgerlichen Gesellschaft, auf Personen und Corporationen, deren Denkungsart sie nicht in den Farben fanden, zu denen sie sich bekannten, freien Lauf liessen. Insbesondere richteten sie ihre Angriffe gegen die Juden und schütteten über diese all' ihren giftigen Geifer aus. Welden liess insbesondere den Redacteur von „Schild und Schwert" vermahnen und empfahl ihm in seiner Schreibart mehr Ruhe und Besonnenheit. Er drohte ihm mit der Suspendirung des Blattes — doch Alles vergebens. Er fuhr in seiner Schreibweise, gleichsam den an ihn ergangenen Warnungen Trotz bietend, fort. Nachdem der Minister des Innern, Graf Stadion, Freiherrn v. Welden auf die masslose Sprache dieses Journals aufmerksam machte und das dringende Begehren stellte, dieser Gattung Journalistik mit Strenge Einhalt zu thun, und da Fürst Windischgrätz kurz zuvor eigenhändig dem Civil- und Militär-Gouverneur an's Herz gelegt hatte, die erscheinenden Blätter strenger zu überwachen und für den Fall eines Missbrauches „nach Ermessen" zu handeln, so wollte Welden das genannte Journal suspendiren. Doch Windischgrätz war dessen Protector und dieser fiel Welden in den Arm. Das Journal durfte weiter erscheinen und verpflichtete sich der Redacteur, ferner keine Ausfälle gegen Corporationen zu machen. Um jedoch die Aufregung der Gemüther zu beschwichtigen, verlangte Fürst Windischgrätz die Suspendirung der vom ehemaligen Arbeitsminister Ernst v. Schwarzer herausgegebenen „Allgemeinen österreichischen Zeitung". Welden wäre sehr gerne darauf eingegangen. Da aber Schwarzer Reichstags-Abgeordneter war, so berichtete Welden darüber dem Minister-Präsidenten und dieser erklärte, eine Verwarnung werde genügen. Welden war auch nicht mit der „gefährlichen" Tendenz der „Ostdeutschen Post" und der „Presse" einverstanden. Er wollte sie daher unterdrücken und schlug vor, ein neues Blatt zu begründen, für welches er einen Redacteur bereits in Aussicht genommen hatte, das im verständigen loyalen Sinne die Entstellungen und Verdrehungen der genannten Journale blosszulegen hätte. Es sollte in einem populären Style gehalten sein, um auf die Massen zu wirken und durch Wohlfeilheit denselben zugänglich gemacht werden. Doch waren die Ansichten bezüglich des zu begründenden officiösen Blattes getheilt. Schwarzenberg wollte, dass der betreffende Redacteur die „Wiener Zeitung" übernehme, welche zugleich die Aufgabe hätte, mit den anderen Journalen Polemik zu treiben. Stadion wieder meinte, es sollte zu diesem Zwecke ein besonderes Journal entstehen, welches vom Ministerium Subvention erhielte. Die Sache blieb daher beim Alten. Schwarzer „brillirte" zum Aerger Welden's nach wie vor im Reichstage, „wo er mit einem anderen Dutzend zur Criminaluntersuchung reifer Mitglieder seine verderblichen Emanationen fortsetzte."

Unwillkürlich muss man lächeln, wenn man Kuranda und Schwarzer und die von ihnen redigirten Journale als die rothe Revolution verschreien hört. Aber noch mehr Wehe und Herzeleid wurde dem Civil- und Militär-Gouverneur durch das Reichstagsblatt bereitet, welches die in Kremsier gehaltenen Reden veröffentlichte und den „schändlichen" Geist über die ganze Monarchie aushauchte. Dieses Blatt, redigirt von Dr. Heinrich Löw, war noch ärger als die „Ostdeutsche Post" und die „Allgemeine österreichische Zeitung". Während diese nur die „Schandäusserungen" in Kremsier commentirten, veröffentlichte das Reichstagsblatt diese Schandäusserungen selbst. Der Civil- und Militär-Gouverneur war daher entschlossen (Anfangs März), zu „handeln" und nicht mehr zu warnen, sondern zu confisciren. Bald war es ihm auch vergönnt, nach Herzenslust zu schalten, da der Reichstag aufgelöst wurde. Als erstes Opfer fiel die „Allgemeine österreichische Zeitung" von Schwarzer, und gewährte es dem Civil- und Militär-Gouverneur besondere Freude, dass der ehemalige Minister des Jahres 1848 zu Stockhausarrest commandirt wurde. *)

So strenge aber auch Welden gegen die Journale verfuhr, so genügte dies manchmal doch nicht dem Fürsten Windischgrätz. Als der „Oesterreichische Lloyd", das Organ des Ministers des Innern, sich im Frühjahr 1849, als die Unfähigkeit des Fürsten Windischgrätz zum Feldherrn kein Geheimniss mehr war (ein boshaftes Gerücht erzählte [vergl. Springer's „Geschichte Oesterreichs", II., 706], die ungarischen Partrioten lassen täglich für die Erhaltung des Feldmarschalls beten), die Kriegführung Windischgrätz' in Ungarn ein wenig kritisch beleuchtete, nahm das der Fürst sehr übel und fragte am 23. März 1849 ganz verwundert den Civil- und Militär-Gouverneur, wie er derartige „aufreizende Artikel" und Ausfälle gegen die Person des Fürsten dulden könne. Es liege kein Anstand vor, auch dieses Blatt zu unterdrücken, wenn es „verbrecherischen Aufsätzen seine Spalten öffnet." Wie die Person des Monarchen geheiligt und unantastbar ist, so musste es auch die des Fürsten Windischgrätz, des Retters des Vaterlandes und der Gesellschaft, sein.

---

*) Insbesondere hart und scharf waren die Denuncianten hinter Schwarzer und der von ihm redigirten „Allgemeinen österreichischen Zeitung" her. Ein derartiges Individuum berichtete am 12. Februar 1849: Die aufrührerischen Artikel der „Allgemeinen österreichischen Zeitung" erzeugen in mehreren hiesigen Vorstädten, namentlich auf der Wieden, dem eigentlichen Sitze der Demokratie, eine fürchterliche Stimmung. Man hört auf offener Strasse und in den Gasthäusern nur von Republik (!) sprechen; man schwört, dass bei dem nächsten Aufstande alle kaiserlich Gesinnten hingemordet werden müssen. Als Grund, weshalb die Leute auf der Wieden so radical seien, wird angegeben, weil Niemand von da noch kriegsrechtlich bestraft wurde, und wurden einige Personen namhaft gemacht, die in Untersuchung gezogen werden könnten! Und all' der Unsinn wurde geglaubt und die Winke berücksichtigt!

Wir denken, diese Proben werden genügen, um zu zeigen, wie es damals mit der Presse bestellt war. Doch wie der Arzt in „Gil Blas", der meinte, er müsse seinen Patienten noch mehr Purgativmittel geben, um sie zu heilen, so glaubte Welden, die „Milde" sei Schuld daran, wenn noch immerfort der revolutionäre Geist die Oberhand habe, und es müsse daher noch mehr Strenge walten. Er hielt das Publikum geradezu für grösstentheils „wahnsinnig" und erwartete nur dann einen Umschwung, wenn durch die kräftigsten Massregeln in der Gesammtmonarchie die ganz zerstörte Ordnung wieder hergestellt wird.

Dass es in einer Stadt wie Wien da und dort zu Excessen kam und bis auf den heutigen Tag kommt, ist begreiflich und hängt wahrlich nicht mit der Bösartigkeit der Bewohner zusammen. Welden aber fasste solche Excesse immer politisch und daher höchst strafwürdig auf. Er wollte, nicht figürlich gesprochen, die Ruhe eines Kirchhofes. Thatsächlich war es für den Redacteur Schwarzer besonders gravirend, weil die „Oesterreichische Zeitung" in einem Leitartikel der Ansicht Ausdruck gab, dass die Ruhe allein noch nicht das Glück der Bürger ausmache. Oft schoss er sozusagen mit Kanonen auf Spatzen, um die Ruhe herzustellen, und störte sie in solcher Weise am meisten. So war am 7. Januar 1849 ein Raufexcess am Graben, der durchaus mit der Politik nichts zu thun hatte, und sofort wurden Truppen aus allen Richtungen der Windrose in Bewegung gesetzt, die in kurzer Zeit zur Stelle waren, jedoch bald wieder abmarschieren konnten, da nichts vorkam, das eine militärische Intervention erfordert hätte.

Das Gesammtresultat dieser Vorgänge war, dass die Garnison im Jahre 1849 stets in Athem gehalten und daher unmuthig und das Publikum immer mehr verbittert ward. Selbstverständlich wurden bei derartigen Excessen zahlreiche Verhaftungen vorgenommen, und es trat ein schleppender Gang bei den Untersuchungs-Commissionen ein, da die Auditoren nicht ausreichten.

Man kann nach dem Vorausgeschickten ermessen, welchen Eindruck es auf Welden machte, als am 9. Januar 1849, um 2 Uhr Nachmittags, angeblich aus dem Rothen Hause, auf die vor dem Bettenmagazin stehende Schildwache drei Schüsse abgefeuert wurden. Der Thäter wurde nicht entdeckt. „Wie wir denn überhaupt," bemerkte Welden in einem Schreiben an

Windischgrätz am 10. Januar, „bis jetzt in Entdeckung von Uebelthätern nicht sehr glücklich waren." Seine Klagen wurden von nun an desto bitterer über die Schlechtgesinnten.

Eigenthümlich schwankend waren seine Ansichten über den Reichstag. Wie wir bereits berichteten, befürchtete er, dass die Abgeordneten während der Weihnachtsferien in der Heimat die Revolution schüren würden. Als daher die „Ostdeutsche Post" am 9. Januar von dem Gerücht Notiz nahm, dass der Reichstag aufgelöst werden sollte, besorgte er, dass die auseinander gesprengten Abgeordneten ihren „Giftstoff" beim Nachhausekommen den ruhigen Bewohnern einimpfen würden. Andererseits wieder meinte er, dass die Aufregung der Gemüther von Kremsier aus genährt werde, „von woher man sich nicht entblödet, noch weit blutigere Märztage als die vorjährigen anzusagen." Da überdies neuerlich Angriffe gegen Soldaten erfolgten, so liess der Civil- und Militär-Gouverneur dem Standrecht seinen Lauf, und am 27. Januar wurde ein Handwerker, bei dem Munitions- und Armaturgegenstände gefunden wurden, erschossen.

Am 30. Januar wurde neuerlich ein Soldat auf dem Glacis meuchlerisch angefallen und durch einen Schuss verwundet, der Thäter verschwand spurlos. Welden erliess hierauf eine Kundmachung, um der böswilligen Waffenverhehlung in den Weg zu treten, nach welcher Gemeinden, in denen Waffen oder Munition gefunden würden, 2000 fl. bis 20.000 fl. Strafe zahlen und die Schuldtragenden standrechtlich hingerichtet werden sollten. Zum grossen Aerger Welden's fand Fürst Schwarzenberg in der angeführten Kundmachung eine zu grosse Willkür, da, falls diese grosse Strafsumme nicht von Seiten der Gemeinden gezahlt würde, die Execution schwer einzuleiten wäre. Er schlug deshalb vor, dass man Strafen auf jede einzelne Waffe festsetze, und zwar für eine Schiesswaffe 50 fl. und für ein Bajonnet 25 fl.

Voll Wehmuth beklagte es Welden, dass er ausschliesslich auf seine Bajonnete angewiesen sei, da er sich keiner Beihilfe der „sich so nennenden rechtlichen Classe der Einwohner zu erfreuen" habe. „Wie wäre das anders möglich," ruft er aus, „wenn ein elender Kerl, wie Fischhof, in dem Reichstage solche Reden halten darf (bei Gelegenheit der Verhandlungen über die Todesstrafe), die zu Mord und Brand auffordern (!!) und dort den grössten Beifall finden .... Von dort," fährt er fort. „geht demnach die hiesige Aufregung, von dort alle (??) Mordversuche auf unsere Soldaten aus. Man fordert zu irgend einer Gewaltmassregel heraus, damit vielleicht, wenn einige Unschuldige auch darunter leiden, die Soldatentyrannei um so mehr angeklagt werden könne." Windischgrätz schloss sich diesem Gedankengange an und theilte die Ansicht, dass die Provocationen geschähen, um Gewaltmassregeln hervorzurufen und die Regierung zu „depopularisiren". Während er Welden ermuthigte, mit der ihm, dem Fürsten, bekannten Energie vorzugehen und jeder sich kundgebenden Bewegung gleich im Beginne entgegenzutreten und einem weiteren Umsichgreifen Einhalt zu thun, wendete er sich in der gleichen Angelegenheit an den Fürsten Schwarzenberg. Es könne kein Zweifel darüber sein, meint er (Ofen, 2. Februar 1849), dass das Uebel nicht in Wien selbst zu suchen sei. Es gebe nur ein einziges Mittel, demselben zu steuern, welches er jedoch bisher fruchtlos angerathen und empfohlen habe. „So lange der Scandal in Kremsier fortdauert und diese Quelle aller Uebel fortbesteht, kann von einer gründlichen Besserung unserer Zustände keine Rede sein; und die Revolution in den Provinzen zu bekämpfen ist nur dann möglich, wenn dasselbe auch in ihrem Hauptsitze geschieht." Fürst Windischgrätz setzte ferner dem Minister-Präsidenten auseinander, dass sowohl die Verhältnisse im Innern der Monarchie, wie die Möglichkeit von Complicationen nach aussen dringend eine Vermehrung der Armee verlangen. Thatsächlich werde er von allen Seiten um Verstärkung der Truppen in den Provinzen angegangen, um dem daselbst sich offenbarenden schlechten Geist entgegenzutreten. Er werde dies jedoch erst dann thun können, wenn die Recrutirung mit Erfolg vor sich gehe; sie zu hindern und mit allen möglichen Mitteln zu erschweren, sei eine der vorzüglichsten Aufgaben, die sich die Revolution gestellt habe. Falls man daher dieser nicht mit aller Kraft an ihrem Herde steuert, so werden sich täglich die Schwierigkeiten mehren und der einmal zur Widersetzlichkeit gegen die Behörden aufgeregte Geist des Landvolkes wird bald auch in anderer Form, namentlich in der Steuerverweigerung, hervortreten. Wie man sieht, verabsäumte es der Fürst nicht, all' die schrecklichen Folgen des Reichstages in Kremsier zu schildern: Recrutenverweigerung; Steuerverweigerung, Revolution in den Provinzen etc., und daher sei es nothwendig, dem Reichstage ein Ende zu machen.

Fürst Windischgrätz wies auch auf das Wirken der *Slovanska lipa* in Prag hin, das immer schädlicher werde, und sei die Auflösung dieses Vereines unumgänglich nothwendig. Er opponirte der Ansicht des Grafen Stadion, welcher meinte, dass zur Ausführung einer solchen Massregel zu wenig Truppen in Böhmen seien, da die Garnison in Prag zur Zeit hinlänglich stark sei, mit aller Kraft jeder Bewegung zu widerstehen, während dies vielleicht später nicht mehr der Fall sein dürfte, wenn man dem revolutionären Treiben noch länger zusähe. Der Feldmarschall ersuchte daher wiederholt und dringend den Minister-Präsidenten, mit aller möglichen Consequenz und Energie den schlechten Einflüssen entgegenzuarbeiten, welche von Kremsier aus auf die Provinzen ausgeübt werden, indem man nur auf diese Weise für die Zukunft noch mit Zuversicht einem geregelten Zustande entgegensehen könne.

Inzwischen hörten die Ruhestörungen in Wien nicht auf. Dazu kam noch, dass der März immer näher rückte. Es schwirrten nun allerlei Gerüchte in der Luft, dass an diesem Tage die Revolution wieder ihr Haupt erheben werde. Welden wurde in dieser Ansicht durch verschiedene Momente bestärkt. Zunächst durch Mittheilungen Inhaftirter, dann durch saisirte Correspondenzen; und wenn er sich auch sagte, dass das, was man in solchen Fällen voraussagt, kaum gefährlich wird, weil man sich dagegen wehren kann, so meinte er, dass der Erfolg denn doch immer fraglich sei, wenn man nicht überall mit Kraft auftreten könne. Für die Ursachen dieses Zustandes hielt er den wühlerischen Reichstag und die noch immer nicht klar ausgesprochenen Tendenzen des Ministeriums, ferner die Verworfenheit des Publikums und die Furcht und Lahmheit der wenigen Rechtlichen.

Die Nachrichten von einem bevorstehenden Ausbruche einer neuen Bewegung häuften sich immer mehr. Der damals in Essegg stationirte General Nugent machte am 15. Februar 1849 dem Fürsten Windischgrätz den Vorschlag, er wolle plötzlich vor Cilli erscheinen, denn die revolutionäre Partei in Graz und Wien erhebe auf so freche Weise ihr Haupt, dass das Aergste zu besorgen sei, wenn nicht ihrem Treiben entgegengetreten werde. Um dieselbe Zeit erhielt der Minister des Innern, Graf Stadion, von Agenten die Mittheilung, im März werde in Paris ein Aufruhr ausbrechen, der sich gleichzeitig über Berlin, München, Breslau, Leipzig, Prag und Wien erstrecken werde, und dieser geplante Aufruhr stehe mit einer allgemeinen Volkserhebung unter Leitung der demokratischen Vereine und der Studentenschaft in Verbindung.

In Folge dieser Mittheilungen wurden in Wien noch mehr Verhaftungen als bis dahin vorgenommen, und der Mangel an Auditoren wurde desto empfindlicher, da die Räumlichkeiten für die massenhaft Inhaftirten zu klein wurden. Die General-Commandos in Prag, Brünn, Graz, Lemberg und Krakau wurden am 25. Februar auf die Nothwendigkeit einer verschärften Vorsicht für die Sicherheit der einzelnen Waffengattungen, die stete Bereitschaft der Garnisonen und namentlich für die Sicherheit der einzelnen Waffengattungen, die stete Bereitschaft der Garnisonen und namentlich für die Sicherheit der ausgesendeten Executions- und Assistenzmannschaft aufmerksam gemacht. Man hielt es überdies für nothwendig, die Garnison in Wien zu verstärken und neue Regimenter dahin kommen zu lassen. Man fand diese Massregel um so dringender, als die Anfangs 1849 ausgeschriebene Recrutirung grosse Aufregung unter dem Landvolke hervorgerufen hatte, welche, wie man glaubte, von „ruchlosen Wühlern" immer mehr verbreitet und gesteigert werde. Ueberdies waren in Wien ungünstige Nachrichten über die Erfolge Windischgrätz' in Ungarn verbreitet. Welden meinte, dass die üblen Nachrichten von Jenen, die aus Ungarn, und speciell aus Pest seit Anfangs Januar nach Wien übersiedelt waren, herrührten, welche Zusammenkünfte und Besprechungen über die künftige Gestaltung Ungarns hielten. Mit wenigen Ausnahmen seien die Leute gegen die österreichische Regierung sehr irritirt und streuen abfällige Gerüchte über nachtheilige Gefechte der kaiserlichen Truppen in Ungarn aus. Die Gerüchte fanden umsomehr Glauben, da seit längerer Zeit keine Bulletins aus Pest einliefen. Damals fuhr man von Pest nach Wien „blos" vierundzwanzig Stunden, aber der Civil- und Militär-Gouverneur blieb Tage lang ohne Nachrichten und sein Drängen, solche zu erhalten, blieb ohne Erfolg. In dieser wenig erfreulichen Situation machte Welden von einem eigenthümlichen

Mittel Gebrauch — er componirte nach berühmten Mustern selbst Armee-Bulletins.

Bevor wir fortfahren, drängt es uns, zu constatiren, dass das Ministerium zu jener Zeit gar oft bemüht war, die kriegsrechtlich gefällten Urtheile zu mildern oder gänzlich aufzuheben, indem es die Verurtheilten der Gnade des jungen Monarchen empfahl, womit jedoch Welden nicht einverstanden war. Er kam immer darauf zurück, der Geist der Bevölkerung sei schlecht und die Begnadigungen haben keine Erfolge in Betreff der Besserung desselben.

Der Monat März kam. In Abgeordnetenkreisen in Kremsier trug man sich mit dem Gedanken, das Verfassungswerk rasch zu Ende zu führen, damit es möglicherweise am 15. März, am Jahrestage, da der Kaiser Ferdinand die Constitution verliehen hatte, promulgirt werde. Auch der Civil- und Militär-Gouverneur hatte für die Märztage eine Action in Aussicht — die Hinrichtung der Mörder Latour's. Doch da fiel ihm wieder der Ministerrath in den Arm. Man wollte eben den Reichstag auflösen, als die gefällten Todesurtheile ausgeführt werden sollten. Diesen Moment hielt das Ministerium denn doch nicht geeignet, Dinge geschehen zu lassen, welche die Aufregung vermehren könnten. Es fand einen derartigen Act bei Gelegenheit, da der Reichstag gesprengt und die neue Verfassung proclamirt werden sollte, nicht für angemessen. Der Civil- und Militär-Gouverneur, der allerdings von der bevorstehenden Auflösung des Reichstages nicht unterrichtet war, wurde daher beauftragt, die Hinrichtungen zu verschieben. Dabei stellte man ihm „die Hoffnung" in Aussicht, dass der Arm der strafenden Gerechtigkeit nicht gelähmt werden solle. Diese Verzögerung und Hinausschiebung entsprach nicht den Absichten Welden's, denn ihm schien es am geeignetsten, zu der Zeit, da man von Märzfeierlichkeiten sprach, der Gerechtigkeit freien Lauf zu lassen.*)

Der Herzenswunsch der Militärpartei in Betreff des Reichstages ging in Erfüllung. Irregeführt durch einen vermeintlichen

---

*) Es wurden dann wegen der Ermordung des Kriegsministers Latour am 20. März drei Personen hingerichtet, ferner zwei zu zwanzigjährigem und dreizehn zu kürzerem Festungsarrest verurtheilt. Drei Personen, zu deren Verurtheilung zum Tode das Geständniss mangelte, blieben noch in Haft. Hauptmann Thadeus N., gewesener Adjutant des ermordeten Kriegsministers, der sowohl vor als nach der Ermordung seines Wohlthäters eine unwürdige Haltung beobachtete, wurde entfernt.

Sieg des Fürsten Windischgrätz über die Ungarn bei Kapolna, wurde der Reichstag zu Kremsier gesprengt, und es erschien die octroyirte Verfassung vom 4. März. Am Sonntag den 11. März fand hierauf ein feierliches Hochamt und Tedeum in der Stefanskirche statt. Grosse Menschenmassen strömten aus den Vorstädten in die Stadt, es fiel jedoch nicht die geringste Unordnung vor.*) Nach vollendetem Hochamte war eine Truppen-Revue über 12.000 Mann. Voll Freude berichtete Welden über den grossen Jubel, welcher zu Wien herrschte. (Feldmarschall-Lieutenant Khevenhüller in Prag hatte telegraphisch gemeldet, dass sich die Clubs regen und dass namentlich die Studenten sich zahlreich versammeln. Man wollte ihm zwei Bataillone Grenzer und eine Raketen-Batterie zur Verfügung stellen; doch Prag blieb ruhig.)

Wie wir wissen, hatte Windischgrätz die Auflösung des Reichstages angerathen, und nach seinen Andeutungen wurde das kaiserliche Manifest, das bei dieser Gelegenheit erschien, verfasst. Er hatte jedoch auch die sofortige Sistirung der Presse bis zur Erlassung eines neuen Pressgesetzes befürwortet, weil das provisorische Pressgesetz seiner Ansicht nach einer völligen Ungebundenheit nahe kam. Dieser Rath wurde jedoch nicht beachtet. Er besorgte daher, dass sich der schlecht gesinnte Theil der Presse, unterstützt und aufgestachelt durch die „berüchtigten Mitglieder" des aufgelösten Reichstages, selbst dieses Ereignisses bemächtigen und die neue Verfassung noch früher mit ihrem Geifer besudeln werde, bevor die Bestimmungen derselben in die unteren Volksclassen gedrungen seien.

Welden fasste diesen Wink auf und ging an's Werk. Zum Theil stellte er das weitere Erscheinen einiger Journale, wie der „Oesterreichischen Zeitung", am 18. März ein, zum Theile mussten sich die Journale selbst einschränken, falls sie weiter bestehen wollten. Sie mussten bis auf die letzte Notiz sorgfältig redigirt sein, da man es missliebig ansah, wenn etwa die Nachricht gebracht wurde, dass ein höherer Adeliger oder gar ein General im Prater vom Pferde abgeworfen wurde. Die Journale mussten sich klugerweise auf Andeutungen beschränken, und das Publikum lernte bald zwischen den Zeilen lesen.

---

*) Am 13. März fand eine Studenten-Demonstration statt, die mit der Arretirung von einigen zwanzig Studenten endete.

Es wurden nun, nachdem die octroyirte Verfassung erschienen war, zunächst zwei Fragen in intimen Kreisen erörtert: die Aufhebung des Belagerungszustandes und der Einzug des jungen Monarchen in Wien.*) Gegen diese beiden Absichten opponirten auf das Entschiedenste sowohl Welden wie Windischgrätz (10. und 23. März). Es könne um so weniger, meinte Letzterer, an die Aufhebung des Belagerungszustandes sowohl in Wien oder wo er sonst besteht, gedacht werden, da nur durch diesen der Presse die nöthige Beschränkung aufgelegt werden könne. Da ferner mit der Rückkehr des Kaisers nach Wien wahrscheinlich auch der Belagerungszustand aufgehoben werden soll, diese Massregel aber aus dem angeführten Grunde nicht platzgreifen kann, so müsste auch die Rückkehr des Monarchen unterbleiben. Es sei auch durchaus noch nicht an der Zeit, den Kaiser nach Wien zurückkehren zu lassen, da erst jetzt, in Folge der „zweckmässigen" Massregeln Welden's, der Geist sich einigermassen zu bessern anfange, jedoch durchaus noch nicht hinlänglich gestärkt sei, um bei einem plötzlichen Nachlassen der so heilsamen Strenge, namentlich der Ueberwachung der Presse, nicht wieder gänzlich verdorben zu werden. Der Belagerungszustand wurde daher vorläufig nicht gänzlich aufgehoben, auch kehrte der Kaiser noch nicht nach Wien zurück; dies geschah erst, trotz aller Bedenken, am 5. Mai. Es erfloss jedoch die kaiserliche Entschliessung vom 22. März 1849, dass wegen Verbrechens des Aufstandes und Aufruhrs nur jene Personen in Strafe und Untersuchung gezogen werden sollen, welche sich als Urheber, Rädelsführer oder besonders thätige Beförderer an diesen Verbrechen betheiligt haben, sowie alle öffentlichen Beamten und Seelsorger, welche einer Theilnahme an den vorgedachten Verbrechen rechtlich beanzeigt worden. Die eingeleiteten Untersuchungen gegen minderbetheiligte Individuen sollten aber sofort aufgelassen und dergleichen Verhaftete ohne Verzug auf freien Fuss gesetzt werden.

Wir skizzirten die beklagenswerthe Lage der Presse und deren Behandlung von Seite der Militärbehörde; aber es durften doch Journale erscheinen. Was man jedoch keineswegs duldete, waren Vereine, die irgendwie eine politische Färbung hatten oder mit

---

*) Erzherzog Franz Carl und dessen Familie befanden sich beim Monarchen in Olmütz. Man fand dies angemessen, um dem jungen Kaiser nicht alle Lebensfreuden zu rauben, die ihm aus dem Familienleben erwuchsen.

der Politik auch nur in entferntester Verbindung standen; ja, sogar das Wort „Verein" war gewissermassen verpönt, so dass selbst ausschliesslich Wohlthätigkeitsvereine einen anderen Namen annehmen mussten. Beispielsweise erhielt ein Armenverein die Weisung, den Titel Armenanstalt zu führen. Selbstverständlich konnte auch von Clubs nicht die Rede sein.

Wie in damaligen officiellen Kreisen behauptet wurde, entstanden die politischen Vereine am Barrikadentage, am 26. Mai 1848. Unter diesen stand der demokratische Club im Vordergrunde. (Der juridisch-politische Leseverein, welcher in den Märztagen eine so grosse Rolle spielte, verlor bald hernach die Führung. Wenn dieser Verein übrigens eine politische Thätigkeit entwickelte, so geschah dies *per nefas*. Er hiess wohl politisch, aber die Politik bestand nach den unter Sedlnitzky genehmigten Statuten darin, dass Zeitschriften und Journale des In- und Auslandes, die sich mit der Staatswissenschaft und den damit zusammenhängenden Fächern beschäftigen, aufgelegt werden durften, um sich weiter auszubilden.) Der demokratische Verein war der Zahl nach der schwächste (er zählte blos neunzig Mitglieder), aber seine Mitglieder waren die eifrigsten und rührigsten. Er stand mit Ungarn, Italien und den rupublikanischen Fractionen in den deutschen Staaten im geregelten Geschäftsverkehr. Becher, Jellinek, Grützner, Häfner, Engländer etc. waren ausschliesslich für die Presse thätig: Tausenau, Chaizes, Stifft, Deutsch, Eckhart, Hoffer, Dr. Frank etc. griffen unmittelbar handelnd in's praktische Leben ein. An der Spitze der anderen localen Vereine standen durchwegs Mitglieder des demokratischen Vereines als Präsidenten, welche die Agitation leiteten. Es kam der 6. October und der Club hatte bereits die kühne Thatkraft, die Ereignisse sofort in die Hand zu nehmen und sie in seinem Sinne auszubeuten.*) Als die Truppen einzogen,

---

*) Wir entnehmen die vorliegenden Daten dem Berichte eines Polizei-Agenten, der im Jahre 1848 selbst Clubmitglied war und nach dem Einzuge Windischgrätz' sich der Militärbehörde zur Verfügung stellte; sie sind jedoch *cum grano salis* zu nehmen. Ich selbst war kein Mitglied dieses Clubs. Ein einziges Mal jedoch war ich bei einer Versammlung des demokratischen Clubs, in welchen mich ein Vorstandsmitglied einführte, und zwar am 5. October, Abends, und wohnte einer Berathung bei. Ich hörte auch nicht ein Wort oder auch nur die leiseste Andeutung über das, was sich am nächsten Tage ereignen sollte. Ich glaube dies anführen zu sollen, weil bis auf die neueste Zeit das

wurde der grösste Theil der Correspondenzen vernichtet, und die Mitglieder zogen in's Ausland, nach Preussen, Sachsen, Bayern, Frankfurt etc.: nur Wenige, wie Stifft, Wessely, Barth, blieben in Wien, theils wegen ihrer Familienverbindungen, theils, weil sie früher vorsichtig handelten, oder weil sie sich in ihrer amtlichen Stellung gesichert hielten.

Dem demokratischen Vereine am nächsten stand der liberale Verein in der Vorstadt Wieden, der aus circa zweihundertfünfzig Mitgliedern bestand — jungen Männern, kleinen Fabrikanten und Kaufleuten. Ein gleicher Verein bestand auf der Landstrasse; ferner der Gesellen- und Arbeiterverein, dessen Mitglieder, etwa siebenhundert bis achthundert, in allen Vorstädten wohnten. Während die Mitglieder des demokratischen Vereins, wie bereits bemerkt, nach der Eroberung Wiens zumeist die Flucht ergriffen, blieben die Mitglieder der zuletzt genannten Vereine (und man wird zugeben, dass die Zahl derselben eine verhältnissmässig minimale war) in Wien zurück. Diese, neben den in Wien sesshaften, angesiedelten oder gar zum zeitweiligen Aufenthalte anwesenden Ungarn, wurden als die entschiedensten Gegner der Regierung betrachtet, und meinte man es der Desorganisation derselben zu verdanken, wenn nicht neuerdings Aufstände etc. angezettelt würden. Die Regierung befürchtete daher, falls sie den Vereinen den kleinsten Raum überliesse, so würde diese Organisation sich vollziehen, und besorgte sie überdies Einflüsse von Aussen. Man glaubte nämlich, dass die in alle Welt zerstreuten geistigen Capacitäten der Demokratie sich einigen und unter bestimmten Formen durch geheime Verbindungen etc. auf Wien und Oesterreich zu wirken suchen werden. Sie werden die Sympathien, die sie in Wien unbestritten hatten, und die sich ihnen in der Ferne noch in vergrösserten Masse zeigten, gehörig auszubeuten suchen und auf eine oder die andere neue Revolution speculiren. Der Boden war gewissermassen für eine solche präparirt; denn, abgesehen von der Aufregung der Gemüther, mangelte es an politischer Bildung und ein Schlagwort konnte die Massen mit sich reissen. Dazu kam die Tactlosigkeit der Behörden, so dass selbst die besten Freunde ihr gerade da schadeten, wo sie ihr am besten zu nützen meinten.

Märchen aufgetischt wird, es sei Alles, was am 6. October geschah, vom demokratischen Club im Vorhinein beschlossen gewesen.

Statt auf Versöhnung, Vermittlung und Verschmelzung hinzuarbeiten, wurden durch Spott und Hohn und durch das offenkundige Unverständniss der Zeit und der Verhältnisse die Dinge neuerdings auf die Spitze getrieben. Der weitaus grösste Theil, insbesondere der subalternen Beamten, suchte sich durch Impertinenzen für jene Verletzungen zu rächen, die sie in den Octobertagen zu dulden hatten und verbitterten immer mehr die Stimmung. Es wucherte daher der still verhaltene Grimm und Groll in der Bevölkerung fort. In diesen Kreis der Betrachtungen fiel nicht der unwissende Haufe, die Besitz- und Arbeitslosen, welche nur Inspirationen folgen; — aber die Mittelclasse der Bevölkerung, welcher die Revolution als solche kein Bedürfniss, die leicht für Ruhe, Ordnung und Gesetz zu gewinnen ist, wurde immer misstrauischer, und der unglückliche Krieg mit Ungarn verletzte viele Sympathien. Noch mehr wurde die Bevölkerung durch die bekannte Erklärung des Fürsten Schwarzenberg in Betreff des Verhältnisses Oesterreichs zu Deutschland, respective zu Frankfurt, irritirt und verstimmt. Man glaubte darin das Endziel der Reaction, die Herstellung einer slavischen absoluten Monarchie zu sehen, und diese war durchwegs verpönt.

Um jeder etwaigen Gefahr vorzubeugen, wurden daher die Vereine so weit als möglich aufgehoben, um die Agitationsherde zu vernichten, und diejenigen, die man bestehen liess, wurden sorgsam überwacht. Die Militärbehörde war überdies bemüht, sich mit Agenten zu versehen, die ihr über ausländische Vereine Kunde brachten.

Wir haben hier gewissermassen die negativen Momente angegeben, durch welche Ruhe und Ordnung hergestellt werden sollte: die Schrecken des Belagerungszustandes mit dem, was darum und daran hing, die straffe Zügelung der Presse, die Vernichtung des Vereinswesens etc. Welden hatte aber noch andere Pläne, die eine Wiederkehr von Zuständen, wie sie im Jahre 1848 waren, unmöglich machen sollten. Er befürwortete nämlich (am 24. November), in den wichtigsten Städten Defensiv-Casernen und Reduits anzulegen, von welchen aus mit einer kleinen Garnison die betreffenden Städte beherrscht werden sollten. In Prag, Olmütz, Graz, Brünn, Linz, Salzburg, Laibach war dies leicht zu bewerkstelligen; Wien jedoch, der wichtigste und gefährlichste Punkt, liess in dieser Beziehung am meisten zu wünschen übrig. Auf Grund dieser Anschauung entstand daher das Project zur Erbauung der Franz Josef-Caserne in Wien, jedoch sollte blos ein Flügel Caserne, der andere Parlamentshaus sein. Als dann die Verfassung aufgehoben wurde, bedurfte man keines Parlamentshauses und es entstand blos eine Caserne.

Die Reduits und Casernen allein konnten nicht genügen. Dringend war die Reform der Polizei. Eigenthümlich genug war Oesterreich ein Polizeistaat, und gerade das Polizeiwesen, sowohl Local- wie Staatspolizei, waren in einem argen Zustande. Die Polizei kümmerte sich um Alles und Jedes, nur nicht um das, um was sie sich hätte kümmern sollen. Während des Aufstandes hatten die Organe desselben zum Theile den Kopf verloren, zum Theile fehlte es an geeigneten Persönlichkeiten, welche den Dienst in entsprechender Weise hätten versehen können. Als Welden sein Amt als Civil- und Militär-Gouverneur antrat, musste er selbstverständlich das Terrain sondiren, und da alle früheren polizeilichen Behelfe unbrauchbar geworden waren, konnte dies nur durch Vergleichung der verschiedenartigsten Berichte, Denunciationen etc. und durch Creirung einiger neuer Polizei-Organe geschehen. Das Bedürfniss einer höheren Staatspolizei und die Organisirung einer Localpolizei waren daher dringend nothwendig.

In Betreff der Staatspolizei hielt es Welden insbesondere für nöthig, einige tüchtige Agenten nach Paris zu senden, wo ein Sammelpunkt ungarischer Malcontenten war. Da sich jedoch die Finanzen in einer argen Lage befanden, so befürwortete Welten, die Belohnungen dieser Agenten nur nach den geleisteten Erfolgen zu bemessen.

Am 21. Jänner 1849, nachdem Welden thatsächlich einen Agenten nach Paris gesendet hatte, urgirte er auf's Neue diese Angelegenheit und bat den Fürsten Windischgrätz, in derselben beim Ministerium zu interveniren, damit sofort Einleitungen zur Errichtung einer höheren Staatspolizei getroffen würden.*) Länger ohne eine derartige Vorkehrung zu bleiben, meinte er, würde seine

---

*) Windischgrätz befürwortete beim Fürsten Schwarzenberg bereits am 14. December 1848 die Reorganisation der Polizei und ein besonderes Augenmerk auf die Bestellung einer zweckmässigen g e h e i m e n Polizei zu richten. (Vergl. Helfert's „Geschichte Oesterreichs", vierter Band, Anhang, Seite 35.)

Stellung in Wien vielseitig gefährden und der Central-Untersuchungs-Commission, vorzüglich deren politischer Abtheilung unter dem General Langenau, die wichtigsten Leitfäden entziehen. Diese Momente fanden Würdigung und Welden wurde in die Lage versetzt, in den wichtigsten Orten des Auslandes Polizei-Agenten aufzustellen.

Die Frage bezüglich einer Umgestaltung der Localpolizei in Wien kam ebenfalls wiederholt zur Erörterung, insbesondere wenn von Seiten des Ministeriums die Aufhebung des Belagerungszustandes urgirt wurde, wie das z. B. im October 1849 neuerdings der Fall war, als man ihn mindestens „versuchsweise" aufheben wollte. Welden sträubte sich auf das Entschiedenste gegen dieses Vorhaben. Er meinte (15. October), dass Stoff zur Gährung in Menge vorhanden sei; dass man die Zeit, dem niedergehaltenen Grolle Luft zu machen, herbeiwünsche; dass die oppositionelle Presse jetzt schon die gesetzlichen Schranken zu überschreiten drohe; der Ton des Tadels gegen Massregeln der Regierung immer stärker werde etc. Eine strenge Censur sei aber eben so wenig ausführbar als eine beständige Vorforderung der Redacteure, die theils selbst bekennen, dass sie sich ohne derartige Ausfälle gar nicht erhalten könnten. Applaudirt doch das Publicum im Theater alle Stellen, die nur irgendwie gegen die bestehenden Gesetze oder Autoritäten auszulegen sind.

Nur die Furcht vor der Strenge des Belagerungszustandes halte die Massen trotziger und durch die Verhältnisse im Jahre 1848 verwilderter Menschen einigermassen in Schranken. Sollen aber nach der Aufhebung dieses Zwanges nicht wieder alle gesetzlichen Zustände in Frage gestellt werden, so muss die Herrschaft der allgemeinen bürgerlichen Gesetze durch wohlorganisirte Behörden gesichert werden. Vorläufig aber können die nicht reorganisirten Behörden ihre Kraft nur in dem Schutze der Bajonnete suchen, die den Thron gerettet und das Ansehen der Regierung wieder hergestellt haben. Mit einem Worte: Welden verkündigte, wie so oft, wenn auch nicht den Untergang der Welt, doch den Untergang Oesterreichs, falls der Belagerungszustand aufgehoben würde. Um aber denn doch einmal, wenn auch in ferner Zukunft in die Lage zu kommen, den Belagerungszustand aufzuheben, verlangte er die Organisirung der Polizei und ein ausgedehntes Aufsichtspersonal.

Welden erörterte bei dieser Gelegenheit auch die **Arbeiterfrage**. Wie man weiss, haben Fabriksarbeiter in den Märztagen in den Vorstädten Mariahilf und Gumpendorf Maschinen zerstört und Werkstätten verwüstet, da sie die Maschinen gewissermassen als ihre Concurrenten betrachteten, deren sie sich entledigen wollten. Später, als jedes Geschäft stockte, entstand die Frage, in welcher Weise die müssigen Hände zu beschäftigen wären. Die Arbeiterkrawalle vom 21. und 23. August 1848 sind bekannt. Nachdem der Belagerungszustand verhängt war, wurde unter den Arbeitern aufgeräumt und mussten Tausende die Stadt verlassen. Diejenigen, die zurückblieben, suchte man bei Bauten zu militärischen Zwecken zu beschäftigen. Und in dieser Beziehung fehlte es nicht an allerlei Projecten, die zum Theile ausgeführt wurden. Man dachte in solcher Weise, wie man sagt, zwei Fliegen mit einer Klappe zu schlagen.

Was die Fabriksarbeiter betrifft, so meinte Welden in einem Memoire vom 15. October 1849 an den Fürsten Schwarzenberg, dass diese die grösste Aufmerksamkeit der Regierung verdienen, da die sociale Bewegung, die im Jahre 1848 über das ganze europäische Festland sich ausbreitete, auch Wien nicht unberührt liess und die Sicherheit des Eigenthums bedrohte.

Welden stellte diesen Sachverhalt in folgender Weise dar: Bei der Lockerung aller Zucht und Ordnung und der in hohem Grade gefährdeten Eigenthumssicherheit im Jahre 1848 sahen sich die Arbeitgeber trotz der ungünstigen Marktverhältnisse bemüssigt, den Arbeitern, welche damals mit ihren billigen und unbilligen Ansprüchen hervortraten und durch ungesetzliche Vorgänge ihre Arbeitgeber bedrohten, nachzugeben.

„Wahr ist es," fährt er fort, „dass bis zu jenem Zeitpunkte die Arbeiter in mehrfacher Beziehung gedrückt waren, und dass ihnen vor dem März 1848 auf legalem Wege keine Abhilfe gewährt worden ist. Mehrere Uebelstände fielen offenbar den Arbeitgebern zur Last, und die entschiedene Weigerung, den gerechten Wünschen und Bitten der Arbeiter Gehör zu geben, hatte schon seit einer Reihe von Jahren zwischen beiden Theilen eine Erbitterung erzeugt, welche bis zum heutigen Tage nicht verringert ist. Der Fälle, dass Fabriksherren zur Erkenntniss gekommen sind, dass sie ihren Wohlstand grösstentheils der Thätigkeit ihrer Arbeiter verdanken, und dass sie Letztere zur Zeit der Noth dankbar und liebevoll aus Pflicht unterstützt hätten, gibt es leider nicht viele."

Im Jahre 1848 dagegen kamen die Fabriksherrn gegenüber der organisirten und auch bewaffneten Masse der Hilfsarbeiter in eine völlig abhängige Lage und waren gezwungen, jenen mehr Zugeständnisse zu machen, als in der Natur der Verhältnisse begründet war. Nach der Herstellung des öffentlichen Sicherheitszustandes aber nahmen die Fabriksherrn entweder, weil sie nicht beigestimmt oder nur gezwungen ihre Beistimmung gegeben hatten, die meisten dieser Zugeständnisse, darunter auch solche, welche längst hätten gemacht werden sollen, wieder zurück. Aus diesem Grunde fanden schon seit längerer Zeit bei mehreren Innungen, welche eine grosse Zahl von Hilfsarbeitern beschäftigen, Verhandlungen statt, die jedoch zu keinem Resultate führten. Die Verhältnisse begannen vielmehr sich wahrhaft feindselig zu gestalten und machten die Regelung der Gewerbeverhältnisse durch eine allgemein giltige Gewerbe-Ordnung, oder wenn die Ausarbeitung einer solchen allzulange dauern sollte, den Erlass diesfälliger provisorischer Verordnungen dringend nothwendig.

Die vornehmlichsten Streitpunkte bildeten die Dauer der Arbeitszeit, die Arbeiten an Sonn- und Feiertagen, zur Nachtzeit, die Aufkündigung der Lehrzeit, das Halten einer Ueberzahl von Lehrjungen, die Beschäftigung der nicht zur Innung gehörigen Gesellen, die Bezahlung für Vorrichtungsarbeiten und dergleichen mehr. Billig denkende, humane und zugleich vermögliche Fabriksbesitzer kamen im Wesentlichen den vorjährigen Bestimmungen nach, und zwar um so mehr, da sich die Erwerbsverhältnisse günstiger gestalteten. Die Mehrzahl der Fabrikanten jedoch war zur alten Gepflogenheit zurückgekehrt. Sie fanden bei den Arbeitern, welche an ihren Errungenschaften festhalten wollten, um so mehr Widerstand, als der Begehr nach Arbeitern stieg.

„Diese Gestalt der Dinge hat ihre natürlichen Erklärungsgründe, die gewiss Beachtung verdienen; aber der Umstand, dass im Allgemeinen Fleiss und Betriebsamkeit bei den Arbeitern ungeachtet der gesteigerten Bedürfnisse und der Theuerung unter das gewöhnliche Mass gesunken ist, erregt wahre Besorgniss. Der Arbeiter ist nicht mehr wie ehedem bemüht, durch angestrengte Thätigkeit seine Lage zu verbessern, einen verhältnissmässigen

Wohlstand sich zu schaffen. Dies zeigen seine geringen Leistungen, das Begehren nach einer kürzeren Arbeitsdauer, ungeachtet der Lohn gegenwärtig nicht mehr nach der Zeit, sondern nach dem Masse und Werthe der Arbeit bestimmt ist. Der Arbeiter sucht jetzt das Wohlleben in der Regel (Ausnahmen gibt es sowohl unter den Arbeitern, wie unter den Fabriksherren) auf einem nicht natürlichen Wege.

Im Allgemeinen sind geschickte, und unter diesen vorzüglich verheiratete Arbeiter ruhig, besonnen und wollen gesetzliche Zustände. Allein die Mehrzahl junger und in sittlicher, intellectueller und technischer Beziehung verwahrloster Arbeiter ist für keine Belehrung zugänglich, trotzig und leicht aufzuregen... Neben diesen wegen ihrer Unzufriedenheit gefährlichen Elementen ist jene Classe der Bevölkerung, welche sich von Tag zu Tag den Lebensunterhalt suchen muss, das eigentliche Proletariat, wohl zu beachten. Dasselbe ist in der Masse roh, ungebildet; in sittlicher Beziehung ganz verwahrlost; durch schlechte Schriften und noch schlechtere Führer in politischer Beziehung durch und durch verderbt und durch die eigenthümlichen Verhältnisse des Jahres 1848, nämlich durch die Beschäftigung bei den Erdarbeiten und durch die Einreihung in die Mobilgarde unter sich und mit den Fabriksarbeitern in eine enge und bedrohliche Verbindung gebracht... Die Massen, besitzlos und daher ohne Sorge etwas zu verlieren, werden sich der ersten Bewegung, sie mag socialer oder politischer Natur sein, anschliessen, und jetzt um so mehr, weil die eintretende rauhe Jahreszeit mehrere Erwerbsquellen derselben verkümmert oder gar versiegen macht."

Die Furcht vor der Strenge des Belagerungszustandes hält alle diese Massen trotziger und durch die vorjährigen Verhältnisse verwilderter Menschen einigermassen in Schranken, und daher dürfe dieser nicht aufgehoben werden.

Wir glaubten, dieser Darstellung der Arbeiterverhältnisse jener Zeit von Seiten Welden's Raum gönnen zu sollen, da sie, wie wir meinen, im Grossen und Ganzen der Sachlage entsprachen, wenn wir auch die aus denselben gezogenen Schlüsse bestreiten.

Wir haben der Zeit vorgegriffen und wollen nun noch Einiges nachtragen. Wir sprachen wiederholt von dem Ministerium Schwarzenberg, das am 22. November 1848 in's Leben trat.*) Thatsächlich übte jedoch der präsumtive Minister-Präsident schon früher grossen Einfluss auf die Geschäfte, und glauben wir, über die Pläne und Absichten, die er hegte, über die Art und Weise, wie er über die Verhältnisse dachte, ihm selbst das Wort lassen zu sollen. Wir entnehmen sie einem Schreiben vom 22. October 1848. Dasselbe lautet, indem wir Unwesentliches weglassen:

„Seit geraumer Zeit hatte die europäische Partei des Umsturzes Oesterreich und insbesondere Wien in's Auge gefasst. Ein entscheidender Schlag musste geführt werden. Kein Punkt Europas schien hierzu geeigneter, als eine Stadt, deren leicht bewegliche, politisch gänzlich unreife und zum Theile moralisch verderbte Bevölkerung bereits seit Monaten von den Emissären der Propaganda bearbeitet und allmälig an den Zustand friedlicher Anarchie gewöhnt worden war.

Die Regierung und der dort versammelte Reichstag arbeiteten diesem Beginnen theils absichtlich, theils unbewusst in die Hände.

Der Regierung gebrach es an allen leitenden Ideen, an Einheit und Energie des Handelns. Anstatt das Staatsruder selbst zu führen, anstatt dem gänzlich unbehilflichen Parlamente gegenüber die Initiative zu ergreifen, schwankte sie zwischen den entgegengesetzten Richtungen umher, ein Sinnbild der Unfähigkeit, ein Spielball der Leidenschaften, ein Werkzeug der Partei des Umsturzes, der entgegenzutreten ihr erster und dringender Beruf war.

Der Reichstag zeigte mit dieser Regierung eine verhängnissvolle Aehnlichkeit. Hervorgegangen aus einer unreifen Bevölkerung, gewählt unter den Auspicien der Wiener Aula mit Ausschliessung von fast allen (?) Notabilitäten des Besitzes, der Intelligenz, der Erfahrung und Geschäftskenntniss, konnte von ihm unmöglich erwartet werden, dass er das der Regierung entfallene Heft in die Hand nehmen und den Strom der Bewegung in ein geregeltes Bett führen werde. Es fehlte ihm hiezu an allen Bedingungen,

---

*) Das neue Ministerium laborirte an einem Uebel, es fehlte demselben an Sprechern, und blos von Bach meinte man, dass er Meister der Rede sei. Aus diesem Grunde war Cajetan Mayer für ein Portefeuille in Aussicht genommen, man wollte jedoch seine Kraft für die Kammer bewahren. Er selbst hielt ebenfalls diesen Platz für sich als geeigneter, um durch seinen Sarkasmus den Prager populären Abgeordneten Borrosch zu bekämpfen.

an Kenntniss, an Erfahrung, an praktischem Muth. Nichtsdestoweniger machte sich selbst im Schosse dieser Versammlung das Bedürfniss nach Ruhe, Ordnung und Gesetzlichkeit geltend, und wenn sie auch unfähig war zu leiten, so hat sie doch die Hoffnung, sich leiten zu lassen, bisher nicht gänzlich ausgeschlossen.

Unter solchen Verhältnissen bot der von der grossen Propaganda beabsichtigte Handstreich, vorbereitet (?) wie er war, mit grossem Geschick und bedeutenden (?) Geldkräften, einige Aussicht auf Erfolg. Am 6. October ward er geführt. In der Stadt gelang er vollkommen und die schlechten militärischen Anstalten vollendeten das Werk. Die Garnison verliess die Stadt und Wien gerieth binnen wenigen Stunden unter das eiserne Joch einer revolutionären Schreckensherrschaft; noch heute befindet sich die Hauptstadt der Monarchie in diesem Zustande. Weniger günstig für das Unternehmen der Anarchisten gestalteten sich die Dinge auf dem flachen Lande und in den Provinzen. Nicht als ob der Geist dort ganz unverderbt wäre, aber die Eifersucht gegen die Hauptstadt, die geringere Beweglichkeit der Massen und gesünderes Urtheil traten dort den Bestrebungen der Wühler in den Weg. Das Landvolk vor Allem zeigte sich, seit es die Aufhebung der Robot und sonstiger Grundlasten erreicht hat, der Revolution abgeneigt und bethätigt fast ohne Ausnahme eine gute Gesinnung. Daher kam es, dass der Aufstand, trotz aller Versuche, das Volk aufzuwiegeln, nicht über die Linien Wiens hinausreichte; ja, dass im Gegentheil das schenssliche Schauspiel der den Gräueln der Anarchie und des Terrorismus preisgegebenen Hauptstadt auf die Provinzen abschreckend wirkte und den gesunkenen Muth der Wohlgesinnten hob.

Der Kaiser verliess mit dem ganzen Hof Schönbrunn unter starker Militärbedeckung und schlug sein Hoflager in Olmütz auf, wo Se. Majestät und Ihre Regierung vorläufig residiren werden.

Es thut nunmehr vor Allem noth, den Aufruhr zu unterdrücken und eine neue kräftige Regierung zusammenzusetzen.

Zu ersterem Behufe haben Se. Majestät den Feldmarschall Fürsten zu Windischgrätz zum Oberbefehlshaber über sämmtliche Streitkräfte der Monarchie ernannt, mit Ausschliessung der unter Radetzky's Befehlen stehenden italienischen Armee, und ihm mit den weitesten Vollmachten versehen. Zugleich wurden bedeutende Truppenkörper aus verschiedenen Theilen des Reiches gegen Wien entsendet. Sie dürften in diesem Augenblick bereits in der Umgegend angekommen sein und die Stadt von allen Seiten eingeschlossen haben. Es ist die nächste Aufgabe des Feldmarschalls, Wien zu bezwingen, ohne sich in irgend eine Unterhandlung mit den Rebellen einzulassen.

Hinsichtlich des neuen Ministeriums, an welchem ich theilzunehmen von Sr. Majestät beauftragt wurde, bin ich heute noch nicht im Stande, die Personen namhaft zu machen, aus welchen es bestehen wird. Ich hoffe jedoch, dass es in diesen Tagen gebildet sein wird, und zwar aus Männern, die auf das Vertrauen des Thrones und der Wohlgesinnten rechnen dürfen.

Bezwingung des Aufruhrs überall und um jeden Preis, Wahrung der Rechte der Dynastie gegen die Uebergriffe der Revolution, Anerkennung der von dem Kaiser seinen Völkern gewährten Freiheiten, Regelung dieser und Aufrechthaltung der Integrität der Monarchie nach aussen werden das Programm des neuen Cabinets sein.

Es wäre überflüssig, hier in eine weitere Erörterung der von uns beabsichtigten Politik einzugehen. Sie ergibt sich aus dem Vorstehenden von selbst. Entschlossen, die ungeschmälerte Integrität des Reiches zu wahren, werden wir auch Ungarn in ein diesem Grundsatze entsprechendes Verhältniss zu setzen bemüht sein, und Fürst Windischgrätz dürfte nach Ordnung der Dinge in Wien mit der unter seinem Befehle*) operirenden Armee nach Umständen auch in Ungarn einschreiten.

Hinsichtlich der italienischen Angelegenheit beruht das ausschliessliche Vertrauen des Kaisers auf Radetzky und der tapferen italienischen Armee. Dieser hat das lombardisch-venetianische Königreich unter dem ungünstigsten Zeitumstande für den Kaiser und die Monarchie zurückerobert und es seither in Unterwürfigkeit erhalten. Er wird es gegen die Angriffe von aussen und gegen neue Aufruhrsversuche im Innern zu vertheidigen wissen. Auf die eifrigste

---

*) **Am 27. October schrieb Schwarzenberg an Radetzky:** „Die politische Lage der Monarchie scheint von Tag zu Tag schwieriger zu werden, und nur offenes Auftreten und Muth dem Feinde gegenüber kann Oesterreich retten. In Wien muss die entscheidende Krisis binnen zweimal vierundzwanzig Stunden eintreten und im günstigsten Falle ist wenigstens die nächste und dringendste Gefahr beseitigt."

Mitwirkung der neuen Regierung in dieser Beziehung ist unbedingt zu rechnen. Kommen die mühselig eingeleiteten Friedensunterhandlungen zu Stande, so wird die Integrität der Monarchie auf friedlichem Wege gewahrt und von Neuem gewährleistet werden. Scheitern jene und bricht der Krieg von Neuem aus, so werden wir sie mit dem Schwerte in der Hand bis auf das Letzte und Aeusserste verfechten. Dies im Allgemeinen die Politik, welche wir zu verfolgen gesonnen sind. Se. Majestät der Kaiser ist entschlossen, den Aufbau des neuen Staatsgebäudes, selbst nach den letzten traurigen Erfahrungen, noch einmal mit den vorhandenen Elementen zu versuchen; in dem Falle aber, dass von den unverbesserlichen Feinden der Ordnung neue Störungen mit Erfolg versucht würden, so zählt er auf die Tapferkeit seiner getreuen Armee und ihrer Führer."

Die Ziele sind hier klar gegeben; was davon erreicht wurde, wissen wir.

Wir überschreiten die Grenzen, die wir uns selbst gesetzt, indem wir von dem Belagerungszustande über das Jahr 1849 hinaus sprechen. Wir glauben jedoch nichts Ueberflüssiges zu thun, wenn wir Fälle anführen, welche die damaligen Zustände illustriren.

Stefan W. war vor dem Jahre 1848 Mitarbeiter des Kossuthschen Blattes „Pesti Hirlap". Nach den Märzereignissen wurde er Secretär im ungarischen Ministerium in Wien. Nachdem Windischgrätz in Wien eingezogen war, verblieb W. in Wien, trotzdem Freunde ihm gerathen hatten, die Stadt zu verlassen, und obschon er anstandslos vom General Cordon einen Pass erhielt, da er sich bewusst war, stets treu zum Kaiserhause gehalten zu haben, und hatten wir selbst Gelegenheit, mehrere seiner Briefe etc., geschrieben während der Revolutionszeit, die nach Pest gerichtet waren, zu sehen, welche dieses bestätigen. Nichtsdestoweniger wurde er am 5. November 1848 verhaftet. Wie wir jedoch bereits hervorhoben, waren die Militärgerichte in Folge der zahlreichen Verhaftungen, die vorgenommen wurden, nicht in der Lage, rasch vorzugehen, da sie eben das massenhafte Materiale nicht überwältigen konnten. Andererseits suchte man an allen Ecken und Enden der Welt Auskunft, um Belastungsmaterial herbeizuschaffen, durch welche eine masslose Verschleppung eintrat. In solcher Weise kam es, dass genannter Stefan W. vierzehn Monate in Haft war, ohne dass ihm auch nur Gelegenheit zur Rechtfertigung gegeben worden war. Er hatte wohl während dieser Zeit zwanzigmal Verhöre, diese waren jedoch mehr als Zeuge, da er Auskünfte zu geben hatte, und nicht über das persönliche Verhalten.

Als Familienvater wendete er sich am 3. Jänner 1850 mit einer Eingabe an Welden, um eine Entscheidung herbeizuführen und nicht länger in gleicher Weise wie Diebe und Mörder behandelt zu werden. Zu seiner Rechtfertigung führt er an:

Zwei Proclamationen des demokratischen Vereines, welche ihm Dr. Tausenau mit drohendem Auftrage zur Beförderung an die ungarische Armee zusandte, schickte er nicht ab. Einen Emissär Kossuth's, Namens Szöllösy, der sich in der Aula auf ihn berief, erklärte er, über ihn gefragt, um ihn unschädlich zu machen, als einen verdächtigen Landstreicher.

Der Anführer Bem begab sich am 27. October, Morgens zu ihm, und sich auf Pulszky's Freundschaft berufend, wollte er bei ihm eine Ruhestätte auf 24 Stunden finden, die er ihm jedoch nicht gewährte. In ähnlicher Weise setzte er wiederholt seinen Kopf auf das Spiel.

Er liess mehrere Soldaten des Regimentes Nassau, welche bei Gelegenheit eines Strassenkampfes verwundet wurden, in das Haus, wo er wohnte, bringen und sie auf das Sorgfältigste pflegen, mit seiner eigenen Wäsche verbinden, beschenkte sie nach Möglichkeit und liess sie durch Fiaker in das Spital führen.

Nachdem nun gewiss alle Acten des ehemaligen ungarischen Ministeriums in die Hände der österreichischen Regierung gekommen seien, so würde sich seine Unschuld leicht beweisen lassen. — Hierauf richtete Welden am 12. Jänner 1850 eine Mahnung an den Auditor, die Angelegenheit zu beschleunigen.*)

Im Juni 1851 trat Welden von dem Schauplatze seiner Wirksamkeit ab und zog sich nach Graz zurück, wo ihm nach seinem Tode ein Denkmal auf dem Schlossberge errichtet wurde. Der

---

*) Pulszky gedenkt in seinem Buche („Mein Leben und Wirken") dieses Mannes abfällig, und in ähnlicher Weise dachten die ungarischen Emigranten überhaupt über ihn. Er kam 1853 nach London, nahm dann Kossuth's amerikanische Bancozettel nach Ungarn und wurde verhaftet. Nachher wurde er freigelassen und glaubte man, er habe die ungarische Krone ausgeliefert. Er starb verschollen und vergessen, mit Recht oder Unrecht verachtet, in Budapest.

Belagerungszustand bestand jedoch nach wie vor, und an seine Stelle kam als Civil- und Militär-Gouverneur Feldmarschall-Lieutenant Freiherr von Kempen.

Aus der Instruction, die ihm gegeben wurde, heben wir folgende Momente hervor:

„Dem Militär-Gouverneur ist die unmittelbare Leitung der Kriegsgerichte übertragen.

Die Geschäfte werden in drei Sectionen, die unter der unmittelbaren Leitung des Militär-Gouverneurs stehen, behandelt. Die Militär-Section besorgt die rein militärischen, die Gerichts-Section die kriegsrechtlichen Geschäfte, und die politische Section jene Civil-Angelegenheiten, welche in Folge des bestehenden Ausnahmszustandes der unmittelbaren Einflussnahme des Militär-Gouverneurs unterliegen.

Das kriegsrechtliche Verfahren nach den Normen, die seit dem 1. November 1848 erlassen wurden und noch giltig sind, hat für die Dauer des Ausnahmszustandes ganz in der bisherigen Ausdehnung fortzubestehen.

Der Wirkungskreis des Militär-Gouverneurs in Civil-Angelegenheiten erstreckt sich auf alle Angelegenheiten der Staats- und höheren Polizei, der Presse, der Vereine, der öffentlichen Versammlungen und auf die Erfolgung von Waffen an Personen des Civilstandes.

Zur Behandlung dieser Angelegenheiten in der politischen Section wird das entsprechende Personal dem Militär-Gouverneur zur Verfügung gestellt und hat er sich diesfalls mit dem Minister des Innern in's Einvernehmen zu setzen.

Die Stadthauptmannschaft hat dem Militär-Gouverneur in die Hand zu arbeiten:

a) Bei Verbrechen, Vergehen etc., bei welchen die Competenz des Militär-Gerichtes eintritt, hat die Stadthauptmannschaft direct oder durch die Polizei-Bezirks-Commissariate die Vorerhebungen zu pflegen und die Thatbestandserhebungen dem Militär-Gouverneur vorzutragen.

b) In Angelegenheiten der Presse hat die Stadthauptmannschaft nach der diesfalls von Seiten des Ministeriums des Innern im Einvernehmen mit dem Militär-Gouverneur ertheilten Instruction die unmittelbare Ueberwachung. Wenn die Ausgabe einer Druckschrift nicht gestattet werden kann, hat die Stadthauptmannschaft die Beschlagnahme sofort einzuleiten und dem Militär-Gouverneur die Anzeige behufs kriegsrechtlicher Behandlung zu erstatten. Die Suspension oder Unterdrückung eines Blattes, sowie das Verbot der Drucklegung eines der Stadthauptmannschaft vorgelegten Manuscriptes bleibt dem Militär-Gouverneur und rücksichtlich der beiden ersteren Fälle der kriegsrechtlichen Behandlung vorbehalten.

Concessionen zu neuen Journal-Unternehmungen hat nur der Militär-Gouverneur zu ertheilen. Gesuche um derartige Concessionen sind bei der Stadthauptmannschaft einzubringen, welche sie begutachtet dem Militär-Gouverneur vorlegt.

c) Concessionirte Vereine haben ihre statutenmässigen Versammlungen der Stadthauptmannschaft anzuzeigen, welche Commissäre zur Ueberwachung derselben entsendet. Ohne Wissen der Stadthauptmannschaft und ohne Einwilligung des Militär-Gouverneurs darf überhaupt keine Versammlung abgehalten werden. Ausschreitungen sind von der Stadthauptmannschaft nach *a)* zu constatiren und dem Militär-Gouverneur anzuzeigen. Die Bildung neuer Vereine ist von der Statthalterei nur über Einvernahme der Stadthauptmannschaft und mit Zustimmung des Militär-Gouverneurs zu bewilligen. Bei getheilter Meinung ist die Entscheidung des Ministeriums des Innern einzuholen.

d) Die Bewilligung zum Besitze von Waffen kann nur der Militär-Gouverneur ertheilen.

e) Die polizeilichen Tagesrapporte sind täglich Früh dem Militär-Gouverneur vorzulegen, wichtige Vorfallenheiten aber sofort zur Kenntniss desselben zu bringen.

Die Amtsgeschäfte der kriegsrechtlichen Abtheilung stehen zunächst unter der Leitung des Militär-Appellationsrathes Seemann als Sections-Vorstand, der unmittelbar an den Militär-Gouverneur zu referiren hat."

Statt der Militär-Untersuchungs-Section, die aufgehoben wurde, traten am 16. Juni 1851 vier Kriegsgerichte in's Leben.

Die Geschäftsleitung im Kriegsgerichte I, stadthauptmannschaftliches Gefangenhaus, hatte Rittmeister Auditor Kraft: Kriegsgericht II, ebendaselbst, Hauptmann Auditor Kunowsky: jenes sub III Major und Garnisons-Auditor Czermak und jenes sub IV,

Alserkaserne, wie bisher der pensionirte Auditor Riemer mit dem beigegebenen Qua-Actuar.

Länger als dritthalb Jahre hatte damals bereits der Belagerungszustand gedauert, und nun ging man daran, sich recht wohnlich in demselben einzurichten; doch wurde er zunächst nicht mehr mit gleicher Strenge wie früher gehandhabt. Bald aber änderte sich die Situation. Am 2. December 1851 machte Napoleon den Staatsstreich und am 31. December wurde in Oesterreich die Verfassung vom 4. März 1849 aufgehoben, und nun begann die Reaction neuerdings heftiger aufzutreten. Wir sind in der Lage, in dieser Beziehung ein Beispiel anzuführen, welches die Sachlage genügend illustrirt:

Selbsterlebtes.

Ich glaube um so mehr Folgendes mittheilen zu dürfen, da mir selbst keine Heldenrolle dabei zufällt und ich nach allen Richtungen hin nur der leidende Theil war. Andererseits liegt es mir auch ferne, mich als „Märtyrer" aufzuspielen, da es zu jener Zeit nicht wenige derartige Märtyrer gab. Zur Sache also:

Zunächst das Geständniss, dass ich an den Märzereignissen total unbetheiligt war. Ich unterschrieb die Adresse an die Stände, in welcher um Aufhebung der Censur gebeten wurde, sonst that ich nichts. Sonntag am 12. März erschien in Frankl's „Sonntagsblätter" die einzige Novelle, die ich in meinem Leben „verbrochen": „Das Sterben eines Kindes", die jedoch nicht im Entferntesten dazu angethan war, die Gemüther aufzuregen oder gar eine Revolution hervorzurufen. Ich war weder Mitglied der akademischen Legion, noch der Nationalgarde. In der Zeit der Reaction war dies eine Thatsache, des höchsten Lobes werth. Doch will ich offen eingestehen, dass ich jenes Lob nicht verdiente, und muss ich mich vielmehr gegen den berechtigten Tadel verwahren, der mich heute deshalb treffen müsste. Die Sache verhielt sich folgendermassen: Ich war zu jener Zeit Erzieher dreier Knaben von 7, 8 und 9 Jahren, deren Mutter kurz zuvor gestorben und deren Vater während der Märztage in Geschäftsangelegenheiten verreist war und welcher erst Ende des Monates zurückkehrte. Ich hielt es daher angemessen, meine Pflicht zu erfüllen, und verliess höchst selten und nur auf kurze Zeit die mir anvertrauten Zöglinge. Nachdem der Vater zurückgekehrt war und ich mehr freie Zeit hatte, lehnte ich es trotz wiederholter Aufforderungen ab, in die akademische Legion zu treten, weil es mir schien, als wollte ich mich mit fremden Federn schmücken, da ich eben während der Märztage nichts that. Später aber, als auch Friseure etc. Legionäre wurden, lehnte ich wieder ab und wartete bis die akademische Legion, wie es damals hiess, reconstruirt sein würde. Diese Zeit kam jedoch nicht. In der Nationalgarde aber glaubte ich mich nicht recht heimisch zu fühlen und wollte daher nicht bei derselben eintreten.

Es scheint mir auch nicht überflüssig, Folgendes hervorzuheben:

Obschon ich bis zu den Märztagen öfters für Journale schrieb, habe ich während der Revolutionszeit, so weit ich mich erinnern kann, nur zwei grössere Artikel veröffentlicht, und zwar über die Schule zu St. Anna in Frankl's „Sonntagsblätter" und im „Radikalen" einen Artikel über die Junischlacht in Paris.

Am 1. Jänner 1849 erschien zum ersten Male die „Allgemeine österreichische Zeitung", redigirt von dem bereits genannten Minister der Arbeiten im Jahre 1848 Ernst v. Schwarzer. Ich schrieb für dieselbe Leitartikel und die „Wochenchronik", die dann auch in anderen Journalen längere Zeit eine stehende Rubrik geblieben ist.

Wie jedoch bereits bemerkt, wurde dieses Journal, nachdem der Reichstag aufgelöst worden war, verboten (die letzte Nummer erschien Sonntag den 18. März) und der Redacteur v. Schwarzer eingesperrt. Da meine Artikel mit zu dem Verbote beigetragen hatten, so besorgte ich, dass ich ebenfalls verurtheilt werden könnte. Ich entfernte mich daher auf kurze Zeit mit dem Passierscheine eines Freundes, der als „Gutgesinnter" angeschrieben war, dem daher unbeanstandet ein solcher ausgefolgt wurde, von Wien; kehrte jedoch nach einigen Tagen wieder zurück, da nichts geschah.

Im Sommer 1849 veröffentlichte ich dann bei dem Drucker und Verleger der „Oesterreichischen Zeitung", Leopold Sommer, eine selbstständige Schrift mit dem langathmigen Titel: „Die Demokratie und der Socialismus, das allgemeine Wahlrecht und die Gleichberechtigung aller Nationalitäten in Oesterreich" unter meiner Namenschiffre, mit welcher ich früher die Leitartikel in der genannten Zeitung zeichnete.

Im Spätsommer trat ein neues politisches Journal: „Die Zeit", Rédacteur Johannes Nordmann, in's Leben. Herr Dr. J. N. Berger, nachmals Minister ohne Portefeuille, den ich am 26. März 1848 auf der Barrikade in der Wollzeile, welche ich überschritt, kennen lernte, war *spiritus rector* des politischen Theiles und dieser lud mich zur Mitarbeiterschaft ein. Das Blatt erschien nur wenige Tage, und nachdem der zweite Artikel von mir veröffentlicht war, wurde es verboten und ich von Wien ausgewiesen.

Ich wendete mich hierauf an den Chef-Redacteur des „Lloyd", Herrn Warrens, dessen politischer Gegner ich in der „Oesterreichischen Zeitung" war, mit dem ich sonst aber in der freundlichsten Weise verkehrte, und dieser empfahl mich an den Ministerialrath Lewinsky, damals im Ministerium des Innern. Lewinsky fragte mich, ob ich Oesterreicher sei, und nachdem ich diese Frage bejaht hatte, empfahl er mich dem Stadthauptmann Noë von Nordberg, der eben in das Bureau eintrat. Dieser bestellte mich zu sich und hielt mir unter Anderem eine Sünde vor, die ich nicht begangen hatte. Die Augsburger, jetzt „Münchener allgemeine Zeitung" hatte nämlich von mir eine Correspondenz über Kasernenbauten veröffentlicht. Es wurde damals der Bau der Franz Josefs-Caserne in Angriff genommen und war der eine Flügel ursprünglich für ein Parlamentshaus in Aussicht genommen. Am Schlusse derselben hiess es, der Kaiser habe den Eid auf die Verfassung abgelegt. Dieser Schlusssatz rührte jedoch nicht von mir her und ist wohl auf Grund anderweitiger Mittheilungen, die der Redaction zugegangen waren, beigefügt worden, wobei die Bemerkung, dass dies eine Redactionsnote sei, aus Versehen wegblieb. Aber der Schluss war unwahr und machte böses Blut. Mit gutem Gewissen konnte ich die Autorschaft und daher auch die Verantwortlichkeit für diese Mittheilung ablehnen. Der Stadthauptmann versprach mir hierauf, sich für mich zu verwenden und war überhaupt sein Benehmen mir gegenüber ein freundliches und entgegenkommendes. Er rieth mir ferner an, am anderen Tage den Civil- und Militär-Gouverneur persönlich zu ersuchen, die über mich verhängte Massregel der Ausweisung zu annulliren. Ich befolgte diesen Rath und ging am folgenden Tage zur Audienz. Gewissermassen als Einleitung zu meiner Bitte begann ich: „Euer Excellenz wollen entschuldigen"; doch der

Gouverneur schrie mich an: „Ich entschuldige nicht." Hierauf begann ich wieder: „Euer Excellenz wollen erlauben"; da rief er noch heftiger: „Ich erlaube nicht." Da ich denn doch aber meine Bitte vorbringen wollte, so sagte ich: „Euer Excellenz, ich bin Erzieher." Weiter liess er mich nicht sprechen und ganz erregt donnerte er mich an: „Wenn Sie Erzieher sind, warum schreiben Sie?" Ich erwiderte: „Man weiss, dass Euer Excellenz ausgezeichnet den Degen führen, aber auch vortrefflich die Feder in der „Bauzeitung". Ich hatte nämlich gehört, dass Baron Welden für Förster's „Bauzeitung" schrieb.

Nun war der Mann wie umgewandelt. Er fragte mich, ob ich seine Artikel lese, und ich bejahte diese Frage, obschon ich bis dahin die genannte Zeitung nie gesehen hatte. Die Strafe für diese Unwahrheit folgte ihr auf dem Fusse. Se. Excellenz wollte nämlich meine Ansicht über den letzten Artikel vernehmen und die konnte ich selbstverständlich nicht sagen. Ich befand mich in furchtbarer Verlegenheit, aus welcher ich mir schliesslich half, indem ich sagte, ich sei durch die verhängte Ausweisung dermassen verwirrt, dass ich absolut keines Gedankens mächtig sei.

Hierauf war er so liebenswürdig mir ein Compliment zu machen, indem er sagte: „Sie schreiben gut, warum schreiben Sie gegen Oesterreich?" Gegen diesen Anwurf verwahrte ich mich auf das Entschiedenste: ich erklärte: „Ich habe wohl gegen Minister geschrieben, nie aber gegen Oesterreich." Er aber bemerkte: „Sie können hier bleiben, doch schreiben Sie nicht mehr gegen Oesterreich." Hierauf wiederholte ich das früher Gesagte. Die Audienz war zu Ende, ich war bereits bei der Thür, da rief er mir nochmals nach: „Schreiben Sie nicht mehr gegen Oesterreich" und ich wiederholte zum dritten Male: „Ich habe nie gegen Oesterreich geschrieben." Und wahrlich, eher sollte mir die Hand verdorren, als dass ich gegen mein Vaterland schriebe. Wohl aber habe ich auch seit jener Zeit wiederholt meine schwache Stimme gegen Jene erhoben, deren Massregeln, wie ich anzunehmen Grund hatte, nicht zum Heile des Vaterlandes waren.

Ich durfte nun in Wien bleiben, aber in Folge der gemachten Erfahrung zog ich mich zunächst gänzlich von der Journalistik zurück und war ausschliesslich Pädagoge. Bald eröffnete sich mir auch ein grösserer Wirkungskreis. Zu Beginn des Schuljahres

1849/50 entstand eine neue Töchterschule und ich wurde mit der Leitung des literarischen Faches betraut.

Es herrschte damals auf dem Gebiete des Unterrichtswesens sozusagen eine sanfte Anarchie. Das Alte war unmöglich geworden und Neues war noch nicht vorhanden. Lehrpläne, Lehrziele und Lehrtexte waren daher meinem Ermessen anheim gegeben und ich schlug meine eigenen Wege ein, welche sich des Beifalls vorgeschrittener Schulmänner erfreuten und sie waren auch von guten Erfolgen begleitet.

Das gespendete Lob eiferte mich an, ferner meine volle Kraft dem Jugendunterrichte zu widmen. Als dann im Frühling 1851 in der „Wiener Zeitung" von Seite des Bürgermeisters Seiller eine Aufforderung an Schulmänner erging, Vorschläge in Betreff der Reform der Volksschulen vorzulegen (ein weiterer Beweis für die sanfte Anarchie, die damals auf diesem Gebiete herrschte, da eine Reform der Volksschule doch nur vom Unterrichtsministerium ausgehen konnte), unterbreitete ich einen Lehrplan, welcher jenem entsprach, den ich in der genannten Töchterschule einhielt. Auf Anrathen mehrerer damaliger Gemeinderäthe, darunter des jetzigen Hofraths Professor Leopold Freiherr von Neumann, Mitglied des Herrenhauses, veröffentlichte ich dann diesen Lehrplan, erweitert motivirt in der Schrift: „Ueber die Volksschulen in Oesterreich" (Wien, Lechner 1851).

Es ist hier nicht der Ort, diese Frage weiter zu erörtern und gedachte ich derselben nur deswegen, um zu beweisen, dass ich damals thatsächlich dem politischen Leben ganz fern stand und ausschliesslich meinem Berufe als Lehrer nachging.

Nachdem, wie bereits bemerkt, Napoleon den Staatsstreich am 2. December gemacht hatte und die österreichische Verfassung vom 4. März 1849 am 31. December 1851 aufgehoben wurde, begann man wieder straffer den Belagerungszustand zu handhaben und zahlreiche Verhaftungen wurden vorgenommen. Ich glaubte ruhig meines Weges weiter gehen zu können, da mein Vorleben im Jahre 1848 nach damaliger Anschauung ein makelloses war. Ich musste daher in den Augen der Militärbehörden geradezu als Gutgesinnter erster Qualität gelten, und seit der angedrohten Ausweisung lebte ich vollständig zurückgezogen.

Doch ich täuschte mich. Samstag am 24. Jänner 1852, Morgens etwa 7 Uhr, der Tag war noch nicht angebrochen, klingelte es heftig und es traten dann bei mir zwei Herren ein. Einer derselben zeigte mir einen messingenen kaiserlichen Adler, den er am Rocke angeheftet hatte als Zeichen, dass er von der Polizei sei und der andere theilte mir mit, dass er eine Hausdurchsuchung bei mir vorzunehmen habe.

Ich hatte zunächst keine Ahnung, wie es kam, dass bei mir eine Hausdurchsuchung stattfand. Später erfuhr ich Folgendes: Es war damals ein gewisser M. gefänglich eingezogen (derselbe soll sich, wie man sagte, im Kerker verbrannt haben, indem er den Strohsack, auf welchem er lag, anzündete). Dieser war mit einem Herrn H., der später durch sein „loses Maul" und seine sarkastischen Witze in heiteren Gesellschaften, speciell bei den Symposions, die seiner Zeit, als Ascher Director des Carl-Theaters war, beim „Lamm" gehalten wurden, eine Rolle spielte, bekannt. In Folge der Bekanntschaft des H. mit M. witterte man ein Complot und wurde auch jener eingezogen. Bei der Hausdurchsuchung, die bei demselben gehalten wurde, fand man meine oben genannte Schrift: „Die Demokratie und der Socialismus", mit einer Zueignung von meiner Hand. Herr H. hatte nämlich im Jahre 1848 eine Erbschaft gemacht, und während er später eine Passion für Theaterprinzessinnen hatte, die ihn um sein Vermögen brachten, legte er sich damals eine Bibliothek an, welche die neuesten Werke enthielt, die er mir zur Verfügung stellte. Ich hielt es daher für angemessen, ihm, als die Schrift erschien, ein Exemplar mit meiner Zueignung zukommen zu lassen. Als diese bei ihm gefunden wurde, fragte man ihn nach dem Autor (wie ich bereits bemerkte, veröffentlichte ich sie blos mit meiner Namenschiffre). Er nannte mich, und nun hielt man mich für einen Mitschuldigen und gab der Titel der Schrift Veranlassung, auf die üble Gesinnung des Autors zu schliessen.

Nachdem also die Herren eine Hausdurchsuchung halten wollten, öffnete ich den Schrank, der alle meine Habseligkeiten enthielt und man fand ein Exemplar der genannten Schrift, ferner *La démocratie en France* von Guizot, welche übersetzt in der Wiener Zeitung erschien, die aber ebenfalls wegen ihres Titels verdächtig war, ferner eine in Wien gedruckte Schrift von

Schuselka etc. Mein Gemüth blieb ruhig, da ich wusste, dass diese Schriften nicht verboten und in jeder Buchhandlung zu haben waren. Nun kam aber eine Schrift: „Catéchisme sociale", zum Vorschein und ich wurde ängstlich. Es gelang mir jedoch, den Beamten des Kriegsgerichtes, Herrn M., der noch unter den Lebenden weilt, mindestens habe ich ihn erst in jüngster Zeit gesehen, davon abzuhalten, die Schrift mitzunehmen. Auf dem Titelblatte stand nämlich ein Motto aus der Bibel und ich bemerkte ihm, das Büchlein sei einfach ein Katechismus; — der gute Mann glaubte mir und liess diese Schrift zurück. Ich meinte nun aufathmen zu können und mit dem blossen Schrecken davon zu kommen.

Die Nachricht, dass bei mir eine Hausdurchsuchung stattgefunden habe, klang Allen, die mich kannten, unglaublich, aber Niemand dachte, dass ich etwas zu befürchten hätte. Man nahm an, dass irgend ein Denunciant der Militärbehörde einen Beweis von seinem guten Willen geben wollte; nun aber werde diese zur Ueberzeugung kommen, dass sie getäuscht worden sei, da nichts Bedenkliches oder Verfängliches gefunden wurde.

Zwei Tage hernach, am 26. Januar, erhielt ich jedoch eine Vorladung zum Kriegsgerichte für den 28. Januar. Ich wendete mich hierauf wieder an den Hofrath Lewinsky und bat ihn um seinen Beistand. Dieser rieth mir, zum Polizeirath N..... zu gehen, der das Referat hatte und versprach mir, sich beim Generalmajor Langenau zu verwenden, dem ich mich ebenfalls vorstellen sollte. Ich ging also zu dem genannten Polizeirath. Dieser sagte mir, dass gegen mich nichts vorliege, sondern ich werde nur Auskunft über einen Andern zu geben haben. Ich ging auch zum Generalmajor Langenau, den ich jedoch nicht traf. Ich machte deshalb am 28. Januar nochmals den Weg, u. zw. will ich schon hier des Umstandes erwähnen, im schwarzen Frack, traf ihn jedoch wieder nicht und so begab ich mich zum Militärgerichte. Dieses bestand aus dem Militärauditor und zwei Civilbeisitzern. Ich betrachtete es als gutes Omen, dass ich einen der Herren Civilbeisitzer vom Sehen kannte; ich traf ihn nämlich öfters im Café Stierböck, wohin ich zu jener Zeit kam. Wie ich jedoch hinzufügen will, machten die beiden Herren Civilbeisitzer auf mich den Eindruck von Pagoden. Während des mehrstündigen Verhörs, das ich zu bestehen hatte, benahmen sie sich, als würde sie die ganze Sache nichts angehen; ja als ich den Herrn, den ich vom Sehen kannte, apostrophirte, that er, als würde er mich gar nicht hören. Nach den Erfahrungen, die ich machte, war diese ganze Institution von Civilbeisitzern eitel Humbug, um den Leuten Sand in die Augen zu streuen: denn der Auditor und nur der Auditor beherrschte die Situation, er war Kläger und Richter. Die Selbstvertheidigung war vor dem Kriegsgerichte sehr beschränkt und die Civilbeisitzer waren blos Figuranten.

Doch nun zum Verhör. Nachdem die Generalien abgethan waren, fragte mich der Auditor, weshalb ich vorgeladen wurde. Diese Frage muthete mich eigenthümlich an. Ich hatte von einem Militärgerichte ein soldatisch gerades Benehmen erwartet und glaubte daher anzunehmen, dass mir bestimmte Fragen vorgelegt würden. Es erschien mir daher sonderbar, dass eine derartige Frage gestellt wurde. Ich antwortete, mir sei der Grund, weshalb ich vorgeladen wurde, gänzlich unbekannt, wie mir jedoch Herr Polizeirath N..... sagte, soll ich eine Auskunft ertheilen.

Ganz barsch bemerkte der Auditor: „Das ist nicht wahr." Diese Bemerkung versetzte mich in grosse Aufregung. Ich habe im Laufe dieser Darstellung selber angegeben, dass ich mich wiederholt gegen die Wahrheit versündigt habe, aber ich denke, jeder Andere würde in den gegebenen Fällen nicht anders gehandelt haben. Spricht doch der Psalmist sogar von Gott (18. 27), dass er dem Verkehrten gegenüber ebenfalls krumme Wege geht. Wie aber hätte ich es wagen können, in dem gegebenen Fall eine Unwahrheit zu sagen, musste ich doch gewärtig sein, dass man sich erkundigen werde. Doch dies genügt zu charakterisiren, in welcher Weise vorgegangen wurde.

Die *pièce de résistance* bildete die Schrift „Die Demokratie und der Socialismus", als deren Verfasser ich mich sofort bekannte, hinzufügend, dass die Schrift in Wien erschienen und ganz anstandslos ausgegeben wurde. Ja, meinte der Auditor, man sei früher zu nachsichtig verfahren, nun aber stünden die Dinge anders.

Ich wurde hierauf gefragt, ob ich ein Exemplar der Schrift dem bereits genannten H. gegeben hätte. Ich bejahte diese Frage und der Auditor befahl dem Schriftführer, dieses zu Protokoll zu nehmen. Ich nahm an, dass dies für mich belastend werden könnte und ersuchte als gewissermassen entlastend anzuführen, dass ich diese Schrift auch dem Ministerialrath Lewinsky und dem Stadthauptmann Noe von Nordberg gegeben habe.

Trotzdem ich diese Bitte wiederholt vorbrachte, wollte sie der Auditor nicht gewähren und ich, ängstlich geworden, erklärte, dass ich das Protokoll nur dann unterschreibe, wenn der bezeichnete Passus aufgenommen würde. Hierauf erklärte mir der Auditor: „Ich werde Sie sofort hier behalten." Das Verhör wurde hierauf bald geschlossen und ich kam in die Zelle, in die Untersuchungshaft. Diese Zeit (sie währte 17 Tage) war furchtbar. Abgesehen von allem Anderen, das ich noch berühren werde, so ist diese Zeit deshalb so schrecklich, weil sie endlos erscheint. Man weiss eben nicht, wann sie zu Ende gehen wird, und wie oft hätte ich inständigst gedankt, wenn ich vernommen hätte, dass ich auf ein oder zwei Jahre verurtheilt worden sei; denn dann weiss man jeden Tag, wenn es Abend wird, dass die Pein um einen Tag kürzer geworden — aber die Untersuchungshaft erscheint endlos. Doch ich musste mich fügen. Die Gesellschaft, in der ich mich befand, war wechselnd, da zu jener Zeit die Räumlichkeiten viel zu klein wurden, weshalb die Häftlinge ohne Rücksicht auf die Schuld oder das Vergehen *pêle-mêle*, wo sich eben Platz fand, eingesperrt wurden und befand sich daher ein ziemlich „gemischtes" Publikum daselbst. Es befanden sich zeitweilig, die zu Festungsstrafe etc. verurtheilt wurden und nur ein oder zwei Tage da blieben, dann Diebe und Strolche, welche eben eingefangen wurden, auch einige Fiakerkutscher büssten da ihre Strafe wegen Schnellfahrens etc. ab.

Es wurde mir die Begünstigung gewährt, dass ich einen Kopfpolster erhielt und war mir gestattet, in der Bibel zu lesen. Auch meine „Collegen" begünstigten mich, indem sie mich ein für allemal enthoben, den Besen zu führen, der täglich abwechselnd von den Inhaftirten gehandhabt wurde. Ferner wurde mir erlassen den tragbaren Abort, der sich im Zimmer befand (über die Sanitätsverhältnisse in diesem Hause ist nichts mehr zu sagen, da dasselbe nun demolirt ist), auszuleeren.

Meine „Collegen" ertheilten mir auch Rathschläge, in welcher Weise ich nach aussen hin eine Correspondenz unterhalten könnte und weihten mich in verschiedene Geheimnisse ein, durch welche man die Hausordnung umgehen, sich mit Inhaftirten in anderen Räumen verständigen kann etc., ja ich erhielt sogar einen Cursus im Stehlen. Die Sache verhielt sich folgendermassen:

Montag am 2. Februar, am Feiertage Maria Lichtmess, Abends, wurde die Thür geöffnet und ein Mann hineingeschoben, der vom „Segen" kam. Er war nämlich beim nachmittägigen Gottesdienste in der Peterskirche, wurde da auf frischer That bei einem Diebstahl ertappt und in's Polizeihaus eingeliefert. Dieser Mann war auf seinem Gebiete gewissermassen Künstler und bot er uns eine eigenthümliche Vorstellung. Um mich dem Leser verständlich zu machen, muss ich eine Schilderung des Zimmers geben, in welchem wir uns befanden. Dasselbe umfasste etwa 20 Quadratmeter. Zum Nachtlager diente eine „Pritsche", aneinander gelegte Bretter von einer Wand zur andern, für 6—8 Personen, auf deren äusseren Rand man im Laufe des Tages sass. Neben dem Ofen stand eine Bank, auf welcher zwei Personen sitzen konnten. An der Wand neben der Thüre, gegenüber der Pritsche, war ein vorspringendes Brett, auf welchem sich das „Service" befand. An der Aussenseite dieses Brettes war ein Nagel, der nicht gut eingeschlagen war und daher mit dem Kopfe hervorragte.

An diesen Kopf nun wurde mein Frack, in welchem sich ein Taschentuch befand, gehängt (ich ging nämlich noch immer im Frack herum, da ich bis dahin einen andern Anzug nicht erhalten hatte). Der Frack hing daher von allen Seiten frei und der Dieb zog das Sacktuch, ohne dass die Schösse des Frackes sich bewegten.

Ich will die Leser nicht länger mit der Schilderung meiner Qualen und Leiden behelligen, auch keine weiteren Betrachtungen über Erfahrungen, die ich damals über Untersuchungshaft machte, anstellen, sondern blos berichten, dass ich am 14. Februar wieder vor das Kriegsgericht citirt wurde, wo mir unter den üblichen Förmlichkeiten verkündet wurde, dass ich „wegen Besitzes aufreizender Schriften" zu vier Wochen Arrest (es ist das qualitativ und quantitativ eine geringere Strafe als ein Monat) verurtheilt sei. Ich hätte im ersten Momente vor Freude aufjubeln mögen, da ich nun wusste, wann ich das Haus verlassen werde und die Strafe gewissermassen gnädig war, denn mit demselben Rechte, mit welchem man mich auf vier Wochen verurtheilte, hätte man mich auch auf vier Jahre oder auf noch mehr verurtheilen können. Vielleicht trug auch zu dieser milden Strafe der Militär- und Civilgouverneur v. Kempen bei.

Nachdem nämlich meine Verhaftung bekannt geworden war, begaben sich mehrere hochachtbare, angesehene Männer (Josef Ritter v. Wertheimer, E. v. Hofmannsthal, Hofjuwelier J. N. Goldschmidt etc.) als Deputation zu Kempen, um für mich eine Fürbitte einzulegen. Es ist daher möglich, dass dieser dann einen diesbezüglichen Wink gegeben hat. Nicht unterlassen will ich jedoch, Folgendes zu erwähnen: diese Deputation war auch beim Polizeirathe N . . . . und dieser Herr bemerkte derselben: „Wie verwenden Sie sich für einen Mann, der so etwas liest?" Dabei zeigte er die Schrift: „Die Demokratie und der Socialismus": und doch bekannte ich, dass ich der Autor derselben sei und davon wusste der Referent nichts. In solcher Weise hatte er die Acten gelesen.

Ich war also verurtheilt; aber die Strafhaft war viel milder und angenehmer als die Untersuchungshaft. Ich war nun mit anständigen, ordentlichen Leuten, Wiener Bürgern*) von echtem Schrot und Korn und sonstigen gebildeten Personen beisammen. Bezüglich der Lecture war mir ein freier Spielraum gegönnt und die Verbindungen nach aussen waren viel coulanter. Während ferner in der Untersuchungshaft der „Ausgang" nur zweimal in der Woche auf eine halbe Stunde in einem kleinen Hofe, u. zw. ohne Kopfbedeckung, gestattet war, konnte man jetzt täglich zwei Stunden in dem sogenannten Holzhofe, der ziemlich gross war, spazieren gehen u. s. w.

Das Zimmer, in welchem wir uns befanden (es war das ehemalige sogenannte Schwärzerzimmer, ein ziemlich grosser Saal), war wohl gefüllt, wir waren etwa 16 oder 18 Personen, nur von

---

*) Die meisten waren vom „Brillantengrund", von Mariahilf und Neubau. Unter Anderem war auch der Cafétier D., Mariahilferstrasse nahe der „Linie", verhaftet. Dieser hatte sich, wie er mir mittheilte, Folgendes zu Schulden kommen lassen. Er „kibizte" bei einigen seiner Stammgäste, die Tarok spielten. Da kam der Fall vor, dass einer „anrennen" liess, worüber der Verlierende Glossen machte. Doch jener entschuldigte sich damit, dass er keinen König gehabt hätte. Hierzu bemerkte D. im wienerischen Dialect: „Mir brauchen keinen König" (wenn man viel Tarok hat). Diese Bemerkung wurde dahin aufgefasst, dass er republikanisch gesinnt sei und er wurde verurtheilt.

Zeit zu Zeit wurde es überfüllt; wenn nämlich die Polizei Razzia
gehalten und man sonst keinen Platz für die Ankömmlinge hatte,
so erhielten wir Zuwachs. Den 13. März verlebte ich noch daselbst, und zwar bei vollem Becherklange. Der Gastwirth des
Gefangenhauses lieferte Wein, so viel man wünschte, ohne weiter
Rücksicht auf die Hausordnung zu nehmen.

Am anderen Tage wurde ich frei. Die Freude wurde jedoch
durch eine grosse Sorge getrübt, ich befürchtete nämlich ausgewiesen zu werden. Ich ging daher wieder zu Hofrath Lewinsky
und ersuchte ihn, mich dem Stadthauptmann Weiss v. Starkenfels
zu empfehlen. Er bemerkte mir: „den können Sie sofort sprechen,
er sitzt dort". Dieser befand sich nämlich im Fonde des Zimmers
auf einem Sopha sitzend und ich hatte ihn nicht bemerkt. Weiss
v. Starkenfels hat sich kein freundliches Andenken als Stadthauptmann von Wien begründet: mir gegenüber liess er jedoch nichts
von seiner sonstigen Strenge merken. Ich könnte ruhig meinem
Berufe nachgehen, meinte er, es werde mir nichts geschehen.

Und ich wendete mich wirklich sofort wieder meinem Berufe zu. Nun aber gab es noch eine Angelegenheit zu ordnen.
Das Unterrichtsministerium plante damals, neue Lesebücher für
die Volksschulen abfassen zu lassen und ich sollte Beiträge geben.
Nachdem ich der Haft entlassen war, ging ich deshalb zum Refe-
renten, damals Ministerialsecretär v. Heufler, später Freiherr von
Hohenbühl, welcher mir sein Bedauern über das Geschick, das
mich betroffen, äusserte: aber, fügte er hinzu, ich werde es wohl
selber einsehen, dass das Ministerium nicht ferner mit mir in
Verbindung bleiben könne.

Ich erklärte hierauf, dass ich thatsächlich nur gekommen
sei, um mir das Manuscript abzuholen.

Nun fragte mich Herr v. Heufler, weshalb ich eigentlich verurtheilt worden sei, und ich erzählte ihm wahrheitsgetreu Alles,
was ich wusste. Er wollte mir jedoch nicht recht glauben, aber
ich wusste nichts Anderes zu sagen und empfahl mich. Als ich
bereits bei der Thür war, fragte mich Herr v. Heufler: „Welche
Antwort würden wir bekommen, wenn sich das Ministerium direct
bei Sr. Excellenz dem Herrn Feldmarschall-Lieutenant v. Kempen
erkundigen würde?" Ich erwiderte, ich sei mir keiner anderen
Schuld bewusst und dass ich nur wahrheitsgemäss berichtet habe.

Das Unterrichtsministerium richtete hierauf die erwähnte Anfrage und der Civil- und Militär-Gouverneur äusserte sich, wie ich später erfuhr, in einer für mich ausserordentlich schmeichelhaften Weise. Er rühmte meinen Charakter, hob hervor, welchen günstigen Einfluss ich auf die Jugend übe etc.: — und deshalb Räuber und Mörder?

Ich kann jedoch noch nicht abschliessen. Abgesehen von kleinen Unannehmlichkeiten, dass ich erschrack, so oft an der Thür heftig geklingelt wurde, dass mir öfters auf der Strasse catilinarische Existenzen, Bassermann'sche Gestalten begegneten, die mir als ehemalige „Collegen" im Polizeihause die Hand zum Grusse reichten, beschlich mich überhaupt Angst, wenn ich irgendwie mit der Polizei in Berührung kam.

Am 1. September 1853, also nach fast fünf Jahren, wurde der Belagerungszustand aufgehoben, und nachdem einzelnweise die Verhältnisse denn doch eine andere Physiognomie bekamen, schritt ich im Jahre 1856 beim Gemeinderathe um die Zuständigkeit ein (ich bin ein geborner Mährer). Ich erhielt hierauf, wie in solchen Fällen üblich, von Seite der Polizei eine Vorladung behufs Ertheilung von Auskünften. Ich befürchtete nun, dass die erste Frage: „Haben Sie noch keinen Anstand gehabt?" sein werde; was darauf antworten? Stundenlang berieth ich diesen Fall mit meinem Freund und Gönner Herrn J. N. Berger, aber wir kamen zu keinem Resultate. Tag und Stunde kamen und ich begab mich in das Bureau des Polizeibeamten, das im dritten Stocke war. Langsam, überlegend und nachdenkend, wie die verfängliche Frage, die mir gestellt werden wird, zu beantworten, hinaufsteigend: begegnete mir ein Mann, welcher kurz zuvor wegen Defraudation eine mehrjährige Kerkerstrafe zu verbüssen hatte (wie ich sofort hinzufügen will, kam er einige Zeit hernach wegen eines ähnlichen Verbrechens wieder in den Kerker). Ich kannte ihn weiter nicht, aber ich war in der Lage, seiner Familie, die in Noth und Elend war und welche sich an mich gewendet hatte, während der Zeit, als der Mann im Kerker war, durch Beihilfe guter Menschen Unterstützung zu gewähren. Dieser fungirte nun als „Vertrauter" höherer Kategorie und hatte Einfluss bei der Polizei. In der höflichsten Weise bot er sich mir an, falls ich „im Hause" etwas wünschte. Doch eine Protection von dieser Seite wollte ich nicht annehmen, das widersprach meinem Ehrgefühle. Ich lehnte dankend ab und ging weiter. Ich stand schliesslich vor dem Polizeibeamten, dessen Namen ich leider vergessen habe, er war ein geborener Tiroler. Er bot mir freundlich einen Sitz an und statt die gefürchtete Frage vorzulegen, sagte er scherzend: „Geraubt und gestohlen haben Sie wohl nicht?" und das konnte ich gewissenhaft bestätigen. In ähnlicher Weise wickelten sich die weiteren Fragen ab; mir war ein schwerer Stein vom Herzen gefallen.

Ich glaubte nun, nachdem ich nach Wien zuständig war, annehmen zu dürfen, dass Alles vergessen und vergeben sei und meiner früheren Schuld (!?) nicht mehr gedacht werde. Doch irrte ich mich darin.

Wie man nämlich weiss, bedurfte man früher, wenn man in das Ausland reisen wollte, eines Regierungspasses. Als ich im Jahre 1854 zum ersten Male nach Deutschland ging, erhielt ich dieses Document ganz anstandslos aus Olmütz. Dasselbe war im Jahre 1856 der Fall, als ich nach Frankreich ging, damals war ich bereits nach Wien zuständig. Ich wohnte in der inneren Stadt und ging nach damaliger Vorschrift zum sogenannten Viertelcommissär bei der Polizei, welcher bescheinigte, dass nichts gegen mich vorliege, und mit dieser Bescheinigung ging ich zur Statthalterei, welche anstandslos den Pass ausstellte.*)

Im Jahre 1858 übersiedelte ich in den zweiten Bezirk. Als ich einen Auslandpass wollte, begab ich mich zum Polizei-

---

*) Im Jahre 1856 erhielt ich von dem damaligen Minister des Innern Freiherrn v. Bach die Bewilligung, das Archiv des genannten Ministeriums, wenn auch in sehr beschränktem Masse, behufs historischer Forschungen benützen zu dürfen. Im August 1857, als ich in Venedig war, gestattete mir Director Martinelli (Verfasser des *Lessico veneto*) zu gleichen Zwecken die Benützung des Archivs *Ai frari*. Von da ging ich nach Mailand. Hier nahm der damalige Archiv-Director Osio Anstand, mir auf eigene Faust die gewünschte Bewilligung zu ertheilen. Ich wendete mich daher an Freiherr v. Kellersperg, den Stellvertreter des Statthalters Erzherzogs Max, nachmals Kaiser von Mexico, und dieser telegraphirte sofort an den Minister des Innern, welcher, nachdem er zuvor bei der Polizei angefragt hatte, unverweilt telegraphisch die Genehmigung ertheilte. Ich habe dies aus dem Grunde angeführt, um zu zeigen, wie zu jener Zeit sozusagen aus einem Munde kalt und warm geblasen wurde. In dem einen Polizeibureau hielt man mich für bedenklich, in dem anderen wieder für vertrauenswerth.

commissariate, welches meine politische Unbedenklichkeit bestätigte. Hierauf ging ich in's Passamt der Polizei-Direction und präsentirte die Bescheinigung zur Bestätigung. Der Kanzlist öffnete nun eine Schublade, aus welcher er ein Buch holte. Nachdem er darin geblättert, begab er sich zum Obercommissär und nun wurde mir meine politische Bedenklichkeit, da ich seiner Zeit vom Militärgerichte verurtheilt wurde, vorgehalten. Nach langen und schweren Mühen gelang es mir, einen Pass zu erhalten. Dieser Vorgang wiederholte sich jetzt, so oft ich einen Pass brauchte, (denn sonst hütete ich mich irgendwie mit der Polizei in Berührung zu kommen).

Einmal, im Jahre 1859, klagte ich darüber einem Polizeicommissär und fragte ihn, was denn eigentlich gegen mich vorliege, und er eröffnete mir, dass ich im „schwarzen Buch" stehe, und war so freundlich, mir das mich betreffende Blatt vorzulegen. Ohne eine Ahnung davon zu haben, stand ich daher unter steter polizeiliche Aufsicht und Ueberwachung. Wie erstaunt war ich, als ich sah, dass, mit Ausnahme meines Namens, alle anderen Daten durchaus falsch waren. Auf Anrathen des Beamten wendete ich mich am Tage vor dem Abschlusse des Waffenstillstandes von Villafranca am 10. Juli 1859 an die Polizei-Direction mit der Bitte, mich aus dem schwarzen Buche zu streichen. Einen Bescheid erhielt ich nicht. Oesterreich selbst stand damals im schwarzen Buche und musste trachten, sich zu purificiren. Ich glaube jedoch, dass ich nicht mehr schwarz angeschrieben stehe.

Mögen derartige Zeiten und Zustände in Oesterreich nie wiederkehren.